Herta Steiner - Wisse: Du bist das Licht der Welt

Wähle die Freude und sie ist dein,
wähle den Frieden und Glück zieht ein,
wähle die Liebe, das göttliche Element,
und du hast das beste Fundament
für ein Leben in Harmonie !

UNIPRESS Verlag Salzburg

ISBN 3-85419-122-7

Druck: Druckerei Roser, Mayrwies/Salzburg

Herta Steiner

Wisse:

Du bist das Licht der Welt

Zum Geleit

**LIEBE GOTTES mach dich in meinem Herzen breit,
dehne dich aus, weit, ganz weit,
lass einer anderen Sache keinen Platz,
lass mich dich erkennen als größten Schatz.**

**LIEBE GOTTES ströme in mein Wesen ein,
dehne dich aus in mein ganzes Sein,
erfasse mein Denken, mein Handeln, mein Tun,
lass alle Angriffe, alle Konflikte ruhn.**

**LIEBE GOTTES die du GOTTES WILLE bist,
löse auf jeden Groll, jeden Hader, jeden Zwist,
erfülle mein Herz mit Sehnsucht nach dir,
lass mich dich leben, bleibe bei mir
LIEBE GOTTES!
Mach dich in meinem Herzen breit,
ich öffne meine Tür, ich bin bereit!**

Inhaltsverzeichnis:

Vorwort

Es gibt seltene Momente in unserem Leben, die tief in uns Veränderungen bewirken, den Geist bewegen und uns bis in den Kern unseres Wesens durchschütteln. Manchmal kommen Einflüsse, die mit universellen Ideen im Zusammenhang sind, unangemeldet ins Dasein, Erkenntnisse und Erfahrungen, die nicht zu erklären sind und doch stattfinden.

„Wach auf, wach auf mein lieber Freund und lass das Licht herein ins Leben!" Dies war der Satz, mit dem ich vor einigen Jahren zu schreiben begann. Immer noch ist er der Leitgedanke meines Lebens, immer noch ein stiller Aufruf wach zu werden, Aufmerksamkeit dem Dasein, dem Leben hier auf Erden zu widmen und der in mir vorhandenen Kraft GOTTES meine absolute Zuwendung zu schenken.

Immer klarer und intensiver verspüre ich, dass das Leben von uns gelebt, in Liebe, Freude und Harmonie genossen werden kann. Dazu bedarf es natürlich der Bereitschaft, uns bewusst zu werden, wie sehr alles Glück vom eigenen Verhalten abhängt. Zu erkennen, welche göttliche Kraft und Macht und Herrlichkeit in jedem vorhanden ist und nur darauf wartet, erkannt und gelebt zu werden.

Die Einsicht, dass man ganz alleine für sein Befinden verantwortlich ist, ist heute jedem möglich, denn die Menschheit macht einen großen Schritt vorwärts. Auf die eigenen Quellen, das was in uns steckt, sich zu besinnen und vor allem Dankbarkeit dafür zu lernen, dazu sind wir aufgerufen.
Wir sind aufgerufen den Glanz Gottes, der in uns ist, offenkundig zu machen, das Licht, das in allen von uns ist, leuchten zu lassen.
Wenn wir bereit sind unsere innere Harmonie, Friede und Freude zu leben, wenn wir bereit sind Liebe zu leben, Verstehen und Vergeben, dann haben wir auch die Macht, die Welt zu verändern.
Dieses Buch geht mit Freude und Liebe an jeden. Möge es Hilfe sein und Mut zur Selbstverantwortung schenken. Möge es Liebe, Freude, Glück und Erfolg in Ihr Dasein bringen, sowie die heitere Gewissheit, alles ist möglich dem, der will!

In Liebe und herzlicher Verbundenheit

Herta Steiner

Wisse:

Du

bist

das Licht

der

Welt

Ich stehe auf einem großen Platz in einer mir völlig unbekannten Stadt. Mich umgeben wunderschöne Häuser, die nicht so aussehen wie ich sie gewohnt bin, viereckig mit Dach, Fenstern und Türen. Nein, die Gebäude sind kunstvollste Gebilde mit vielen bunten Gläsern und Glaskuppeln. Die Stadt scheint überhaupt aus Glas zu sein. Die ganze Umgebung ist in wunderbare Farben eingehüllt.

Wo bin ich? überlege ich und bitte sehr, wie komme ich hierher?

Nichts, aber auch gar nichts rührt sich, vollkommene Stille umgibt mich oder höre ich da irgendwo leise Musik? Ich blicke nach oben und ein strahlend blauer Himmel ist zu sehen. Wenigstens etwas, was mir bekannt vorkommt.

Der Gedanke schießt mir durch den Kopf: Vielleicht bist du gestorben! Jedoch so alleine auf einem so riesigen Platz, was sollte das für einen Sinn ergeben?

Ich drehe mich im Kreis und staune und schau, werde aus dem Ganzen jedoch nicht schlau. Na ja, denke ich, besser in einer fremden Stadt allein, als alleine in einer Wüste zu sein!

Schön langsam wird mir langweilig so herum zu stehen, es wäre schön, könnte ich auch die Bewohner sehen.

Der Gedanke war noch nicht zu Ende gedacht, da höre ich, irgendwo wird gelacht.

Mit einem Mal sind eine Menge Leute um mich, sie nicken mir zu, lächeln, winken, einige kommen zu mir und reichen mir die Hand. Gruß mit Handschlag, sehr interessant. Die tun ja alle als wäre ich nicht fremd, als wäre ich eine, die jeder kennt.

Da kommt wieder einer auf mich zu und meint freundlich lächelnd: *Hallo, du, wie geht es dir? Fühlst du dich gut oder brauchst du ein Häppchen Mut?*

Jetzt spricht der meine Sprache, verwundere ich mich und was hat er mich gefragt? Ob ich ein Häppchen Mut brauche? Kann der meine Gedanken lesen?

Ja, ja, so ist es!

Was ist so? stottere ich heraus.

Ich kann deine Gedanken lesen und – ich kann sie dir erfüllen.

Wie bitte?

Nun lacht er laut und ich lache mit.

Ich komme mir reichlich dämlich vor. Lache mit einer Person, die ich nicht kenne, befinde mich in einer Stadt, deren Name mir unbekannt ist, stehe auf einem Platz und weiß nicht, wie ich hier herkam. Leute, die mir völlig unbekannt sind, winken mir zu und begrüßen mich. Ich habe vor mir einen Gedankenleser und Wünscheerfüller, der mir ein Häppchen Mut anbietet, mit dem ich auch noch lache, obwohl mir im Moment gar nicht danach zumute ist.
Zum anderen spüre ich, dass dieses Lachen doch sehr befreiend wirkt, ein bisschen die Beklemmung nimmt.

Ja, so ist es! sagt er wieder.

Schon wieder dieses „ja, so ist es“ denke ich. Was meint er jetzt damit?

Ich werde es dir sagen!

Humor sprengt Grenzen und Mauern, Lachen ist Balsam für die Seele, Beklemmungen und Ängste schmelzen wie Eis in der Sonne. Humor ist eine Köstlichkeit die befreit.
Fühle in dich hinein und spüre, mache dir bewusst, um wieviel wohler du dich schon fühlst. Nun lade ich dich ein, mit den Leuten hier zu tanzen und zu singen, reiche ihnen die Hände und sie werden dich aufnehmen in ihren Kreis.

Lust dazu hätte ich schon, denke ich.

Schon nimmt er meine Hand und im Laufschritt eilen wir zu den anderen. Sogleich bin ich mitten im Trubel, hüpfe und springe ganz unbeschwert. Jeder tanzt nach seinen Bedürfnissen, bewegt unendlich anmutig den Körper, ich spüre förmlich das Wohlbefinden jedes Einzelnen. Irgendwie versuche ich, diese wunderschönen Geschöpfe nachzuahmen. Das geht ja wunderbar, tanzen war schon immer eine Freude für mich.

Da höre ich seine Stimme: *„Komm, singe!"*

Ich hätte große Lust dazu, jedoch aus Erfahrung weiß ich, dass meine Stimme nicht gerade das Klangvollste ist und so wehre ich ab: Alles nur das nicht. Wenn ich singe, tun den anderen die Ohren weh. Singen, das geht wirklich zu weit, dazu bin ich nicht bereit.

Wieder lacht er und ich lache mit, er drückt meine Hand als wollte er sagen, komm, singe, lege alle Angst ab und vertraue einfach deiner Stimme.

Dieser Händedruck war wohl ein Häppchen Mut, denn ich spüre, ich fühle, er tut mir gut.

Ich fange zumindest zu summen an und spüre Freude in mir aufsteigen. Sonderbar, plötzlich sind auch Texte da, sie kommen in mir hoch und ich spreche, nein ich singe sie hinaus und Glückseligkeit, ja Übermut breitet sich in mir aus, ich bin ein Bündel Energie, voller Lebenslust.

He, liebe Freundin, wie fühlt es sich an, wenn man so tanzen, springen und singen kann?

Mein Gedankenleser, sag ich zu ihm, du weißt doch wie ich mich fühle.

So ist es - meint er, *aber weißt du es auch? Ist dir bewusst, was dich in den Zustand der Lebensfreude, der Unbekümmertheit gebracht hat?*

Ich denke, du und die vielen anderen Tanzenden, Singenden haben mich ermuntert das Gleiche zu tun.

Ja, das auch, und was noch?

Ich überlege: was könnte das noch gewesen sein? Da fällt mir im Moment so gar nichts ein!

Meinst du nicht auch, so hebt er an, dass du selbst etwas dazu getan?

Natürlich - danke, jetzt wird mir klar, dass in mir eine Bereitschaft war! Ich war bereit!

Die ganze Welt könnte singen, tanzen und lachen, wenn ich nicht bereit bin mitzumachen, könnte keine Macht mich dazu zwingen.

So ist es! Nicht das, was die anderen tun, ist deiner Handlungen Grund, sondern deine Entscheidung, deine Bereitschaft ist das wirklich maßgebende.

Das Wort „maßgebende" bleibt in meinen Gedanken. Ich werde still, wieder und wieder klingt dieses maßgebende oder Maß gebend in mir nach. Ich spüre fast körperlich den tiefen Sinn dieses Wortes. Ich bestimme das Maß in allen Dingen, die mich betreffen, ich wähle die Bereitschaft oder Ablehnung. Meine Entscheidung ist das maßgebende. Meine Interpretation, meine Wahrnehmung ergibt das, was zu sein scheint, was für mich ist.

Wieder erklingt das: *„Ja, so ist es".*

Mein Gott - erkenne ich - so ist es ja wirklich! Bei mir liegt die Entscheidung. Ich habe die Freiheit, das Maß zu bestimmen. Ich habe die Freiheit zu bestimmen, ob ich glücklich, traurig, lustig, verärgert, beleidigt, betroffen, gekränkt, zornig, erfolgreich, gelassen oder sonst noch etwas bin. Mir ist die Freiheit gegeben zu bestimmen wie maßlos oder wie maßvoll ich agiere, ob in der Freude oder im Ärger, in der Lebenslust oder in der Langeweile. Immer und in jeder Situation bestimme ich durch meine Einstellung, durch meine Sicht, durch meine Entscheidung.

Nun nickt mein Begleiter nur kräftig mit seinem Kopf, lächelt mich an und sagt kein Wort.

Ich blicke mich um und merke, um mich ist wieder Leere und Stille, weit und breit niemand zu sehen.
Wohin sind denn die vielen Leute gegangen? Ich habe ihren Fortgang gar nicht bemerkt.

Ja, so ist es!

Schon wieder dieses „ja, so ist es", was soll denn das?

Überlege einmal, meint er. *Ist es nicht auch in deinem Leben so, dass vergangene Ereignisse, Erlebnisse oder auch Mißgeschicke, ja überhaupt alles, dem du deine Aufmerksamkeit oder deine Hinwendung entziehst, Vergänglichkeit zeigen? Auch Ärger, Kummer und Sorgen, ja sogar Leid verschwinden, wenn du sie nicht durch deine Gedanken und Worte belebst, lebendig hältst. Würdest du im Hier und Jetzt, im Augenblick leben, könnten negative Erinnerungen und Belastungen von dir abfallen wie welke Blätter!*

Nichts, aber auch gar nichts könnte dich in der Gegenwart berühren, hättest du nicht die Angewohnheit, in der Vergangenheit zu leben oder in die Zukunft zu denken. Du als Mensch meinst, dass die Erfahrungen der Vergangenheit immer einen absoluten Wert für die Zukunft haben und dabei übersiehst du die schönen Dinge in der Gegenwart.

Das klingt ja alles sehr interessant, sage ich.

Ich weiß, du hörst mir nur mit halbem Herzen zu, weil dich die Frage quält, wo du bist, wer ich bin und wie du hierher kamst.

Exakt, so ist es! Na bitte, jetzt höre ich mich schon selbst diesen Satz „so ist es" sagen, stelle ich mit Überraschung fest.

Ist, das alles zu wissen, im Moment tatsächlich wichtig? höre ich meinen Begleiter - *oder würde dir ein Spaziergang durch die Stadt Freude bereiten?*

Sogleich stimme ich begeistert zu. Wunderbar, dieser Vorschlag ist verlockend und meine Frage im Moment fürwahr nicht von Bedeutung. Ich möchte mehr von dieser schönen Stadt sehen.

Gesagt, getan! Schon sind wir unterwegs und unser Spaziergang führt uns durch Straßen und Gäßchen, über Plätze und Parkanlagen und ich komme aus dem Staunen nicht heraus. Ein Gebäude schöner als das andere. Kunstvollste

Glasgebilde, bunt, glänzend, strahlend. Von Zeit zu Zeit überqueren wir zauberhafte Plätze mit großen Statuen und Brunnen. Die Statuen scheinen aus Gold zu sein. Nun schlendern wir durch eine grandiose Parkanlage. Rundum blühen die schönsten Blumen in prachtvoll gestalteten Beeten. So etwas faszinierend Schönes habe ich noch nie gesehen.

Vor Staunen steht mein Mund weit offen und ich bin unfähig einen klaren Gedanken zu fassen. Ich wage fast nicht zu atmen.

Wieder lacht mein Begleiter und löst damit den Bann, der mich gefangen hält. Ich blicke ihn an, er nimmt meine beiden Hände und schüttelt mich.

Wie fühlst du dich? Kannst du das, was du siehst, in Gefühlen ausdrücken?

Du verlangst von mir etwas zu fühlen. Oft jedoch sehe und denke ich etwas, ohne dabei besondere Gefühle zu haben, ohne etwas zu fühlen.

Ja, ich weiß! Dennoch oder gerade deshalb ist das in dich hineinfühlen so wichtig. Deine Gefühle sind eine Art Wegweiser. Sie zeigen dir stets an, wie hoch die Wellen deiner Emotion schlagen, welchen Wert du einer Situation beimisst und wie sehr du dich von Aktionen anderer beeinflussen läßt. Sie sind eine Art Bewusstwerdung! Sie zeigen dir an, wie du eine Situation wahrgenommen hast, ob du dich zum Beispiel betroffen, gekränkt oder verletzt fühlst, erfreut, traurig oder dankbar fühlst. Das Erforschen deiner Gefühle ist vor allem das beste Regulativ, etwas zu verändern. Komm, lass uns hier auf dieser Bank Platz nehmen, ich will dir ein Beispiel bringen.

Wir nehmen auf einer aus grüner Jade gestalteten Bank Platz. Es fühlt sich an, als würde ich in Kissen fallen, weich und warm. Rundum befindet sich ein Blumenmeer, von Pastell bis zu den kräftigsten Farbtönen. Alles ist eine Harmonie, alles ist unbeschreiblich schön.
Schwupps, plötzlich sitzt ein Eichhörnchen auf meinem linken Bein und ich erschrecke, spüre förmlich wie ich steif werde vor Schreck oder ist das sogar Angst? Plötzlich, ich habe mich noch gar nicht ganz im Griff, da landet ein Papagei auf meiner rechten Schulter. Autsch, das tut ein bisschen weh, ich spüre seine Krallen. Er ist bunt gefiedert und rollt seine großen Augen, trippelt ein bisschen näher zu meinem Gesicht und berührt meine Wange mit seinem gebogenen Schnabel. Wieder sitze ich starr und steif, halte den Atem an und weiß nicht wie mir geschieht. Das Eichhörnchen dreht sein Köpfchen und sieht mich fragend an, wie „habe ich dir etwas angetan?" Schön langsam löst sich meine Beklemmung und ich beginne zu lächeln.

So ein süßes Ding, denke ich, und so zutraulich. Ob ich dieses zarte Geschöpfchen wohl streicheln darf?

Ja, ja, sagt mein Begleiter, *du darfst! Wenn du mit Liebe handelst, wird es sich nicht rühren, wird deine Zärtlichkeit genießen und spüren.*

Meine Freude ist grenzenlos, ein großes Gefühl der Dankbarkeit zieht in mir hoch und ich bin glücklich.

Na also, sagt die Stimme neben mir, *weißt du jetzt, was es heißt etwas nicht nur zu sehen, sondern auch zu fühlen, richtig zu fühlen? Du darfst gute Gefühle wahrnehmen und diese Gefühle musst du beachten.*

Diese deine Freude und deine Dankbarkeit entstehen aus dem Gefühl der Liebe. Ja, jede Glückseligkeit hat etwas mit jener Liebe zu tun, die dich permanent begleitet, die nicht zu leugnen ist, die einfach da ist – dir von Gott gegeben. Dies ist die göttliche Liebe, die niemals endet und die dich stets umfängt. Im Moment erlebst du Freude und Dankbarkeit durch ein äußeres Erlebnis. In der Regel ist aber Freude in deinem Inneren, ohne äußere Begebenheit.

Freude, ja fast ein innerer Jubel, ist der Zustand, in dem du dich im Einklang mit Gott befindest.

In diesem Zustand der inneren Freude kannst du verweilen:

- *Wenn du zuläßt, dass dich im Außen nichts mehr irritiert,*
- *wenn du verkraftest, dass ein anderer eine andere Meinung, einen anderen Standpunkt hat als du,*
- *wenn du nicht immer und überall im Recht sein willst, Recht haben musst,*
- *wenn du deine Mitmenschen mit Verständnis und Liebe betrachten kannst, ohne ständig zu bewerten, zu verurteilen und zu kritisieren.*

In solch einem Fall wäre man doch schon ein Heiliger. Diese deine Forderungen sind wohl etwas hoch angesetzt, meinst du nicht auch?

„*Nein, das meine ich nicht*", sagt mein Begleiter und er fährt fort: „*Die größte Katastrophe in deiner Welt ist ja, dass die Menschen, je nach Laune, Sympathie oder Antipathie ihre Wahrnehmungen haben und sich stets aufgerufen fühlen ihre Meinung oder ihre Kritik anzubringen!*"

Verzeih, wenn ich dich unterbreche, darf ich dazu etwas sagen?

Natürlich, nur heraus damit!

Also, ich dachte stets, dass uns Kritik im Leben weiterbringt, dass, wenn man kritisiert, dies andere dazu zwingt,

doch endlich ihr Verhalten, ihr Leben zu verändern,
und Anerkennung stünde zu, allen Kritikspendern.

Ja, ja, meint er, *so denken viele Menschen! Allerdings nur das Negative zu sehen, ist eine schlimme Gewohnheit und zu glauben, dass Kritik Veränderung oder Besserung schafft, ist der größte Irrtum.*

Kein bisschen Liebe ist bei so einem Gekeife,
kein Fünkchen Nützlichkeit, kein bisschen Reife,
völlig sinnlos, leer, wird so das Leben gemacht,
noch nie hat Kritik etwas Gutes gebracht.
Kein bisschen Liebe, kein Fünkchen Anerkennung,
kein bisschen Erfolg, keine Freude, kein Glück,
im Gegenteil, Kritik fällt auf jeden Austeiler zurück.

In jeder Suppe gibt's ein Haar,
stets ist den Kritikern sonnenklar,
wie blöde, ja wie unbedacht,
ein jeder seine Sache macht.

Bei allem was ein anderer tut, da picken sie heraus,
was falsch, was dumm und unbedacht,
bei den anderen sehen sie die Fehler und wissen,
sie hätten es sicher besser gemacht.

Sehr viele können den ganzen Tag verbringen
mit Ärger und Zorn über anderer Tun,
gar nichts findet Anerkennung,
Kritik, Bewertung und Urteil kennen kein Ruhn.

Ich werde dir nun mein Beispiel erzählen, bist du bereit hinzuhören?

Ja, ich bin bereit.

Nehmen wir an du bist mit dir selbst unzufrieden. Es läuft nicht alles wie du möchtest, wie du gerne hättest. Innerlich beginnst du zu schimpfen, innerlich beginnst du „sauer" zu werden, innerlich beginnst du an allem die Freude zu verlieren.
Je mehr du innerlich schimpfst, sauer bist und freudlos, umso schneller funktioniert überhaupt nichts mehr. Alles läuft schief, nichts mehr geht, Sand ist im Getriebe.
Nun beginnst du, schön langsam aber sicher, die Verantwortung für deinen Mißerfolg, für das Nichtgelingen deiner Pläne, für die Freudlosigkeit in dir, im Außen zu suchen. Dort erkennst du Unverlässlichkeit, über die du dich doch aufregen musst, Dummheit die nicht geduldet werden kann, schlechte bis gar keine Arbeitsmoral, die unterbunden werden muss, Fehler über Fehler, die irgendwer gemacht hat, absolute Unfähigkeit, die du nicht mehr sehen kannst und so weiter und so fort. Alles und jedes verursacht durch die „Blödmänner" oder „Blödfrauen" denen du täglich gegenüberstehst, mit denen wenig bis über-

haupt nichts anzufangen ist, weil sie einfach nichts begreifen, unfähig sind, deinen Anforderungen oder Erwartungen gerecht zu werden.
Diese Unzufriedenheit ist eine Schwingung in dir, die du von innen nach außen ausstrahlst. Keiner weiß, warum plötzlich nichts mehr in Ordnung ist, warum ständig etwas daneben geht und tatsächlich geht wirklich vieles anders als zuvor, vieles gelingt nicht mehr. Auch in deiner Umwelt, bei deinen Mitarbeitern, bei deinen Freunden, in deiner Partnerschaft, ja überall, wohin du dich mit deiner Schwingung begibst, treten Schwierigkeiten auf. Deine Schwingung hat Fuß gefasst, ja sie hat alle erfasst. Nun glaubst du, allen Grund zum Schimpfen, zum Bösesein, zum Poltern und zum Schreien zu haben. Es geschieht auch, das heißt, du tust es auch. Alle in deiner Nähe bekommen zwei linke Hände, hören nicht was du sagst, wissen nicht mehr was du willst, haben Angst. Jetzt sind es natürlich erst recht ganz sicher die „Anderen", die alles verhindern, die deinen gewünschten Erfolg zunichte machen, die keine Ahnung von irgend etwas haben, die ungeschickt, unflexibel und aufsässig sind.

Noch immer leuchtet dir kein Stern, noch immer geht dir kein Licht auf, was da läuft. Noch immer suchst du die Verantwortlichen für deine missliche Lage im Außen und verschwendest keine Sekunde um in dein Inneres zu blicken, dich selbst anzusehen, in deiner Innenwelt Klarheit zu schaffen. Hättest du dir einmal die Mühe gemacht festzustellen, wahrzunehmen wie sich die anderen durch dein Verhalten fühlen könnten, dann hätte dir dein innerer Wegweiser sofort gezeigt, wo die Probleme liegen, nicht bei den „Anderen", sondern bei dir. In dir!

Gut, ich habe dich verstanden und mir leuchtet auch ein, dass es so ist, aber.....

Du hast recht, „so ist es"! fällt mir mein Begleiter ins Wort.

Nach dieser Aussage tritt Stille ein. Irgendwie bin ich ein bisschen betroffen, denn eigentlich wollte ich ja weitersprechen, wurde daran jedoch gehindert mit diesem ewigen „so ist es!"

Was geht in deinem Inneren jetzt vor, in deiner Gedankenstube?

Mit einem etwas beleidigten Ton sage ich: Du kannst ja meine Gedanken lesen, warum fragst du dann?

Ich frage dich, weil du dir selbst bewusst werden musst, was sich in deinen Gedanken abspielt, was da an Argumenten läuft.

Nun, ich denke, du hast mich, ehe ich noch zu Ende sprach, unterbrochen, mich nicht ausreden lassen. Ich frage mich, ob du die Unterbrechung mit Absicht gemacht hast, und zwar, weil dich gar nicht interessiert, was ich noch sagen wollte. Dadurch fühle ich mich von dir im Moment nicht akzeptiert, was mich ein bisschen kränkt.

Ja, so ist es! In meiner Unterbrechung bestand Absicht.

Denkst du, dass so Kommunikation zustande kommt, wenn dem Sprecher einfach das Wort abgeschnitten wird?

Meine Frage an dich ist nun: Wollten wir eine sogenannte Kommunikation oder haben wir uns hingesetzt, damit ich dir in aller Ruhe ein Beispiel erzählen kann?

Mein Gott, natürlich war das der Grund, du hast ja recht. Ich wollte ja nur meine Meinung dazu sagen, dir meinen Standpunkt darlegen.

Genau deshalb habe ich dich unterbrochen. Deine Meinung und dein Standpunkt waren gar nicht gefragt.
Entsinne dich, ich sagte dir, ich werde dir ein Beispiel erzählen, und ich fragte dich: „Bist du bereit hinzuhören?“
Hinhören heißt aber auch „hinhören“ und nicht, wie ihr zu sagen pflegt: „Deinen Senf dazu zu geben“! Gleich wieder etwas darauf zu erwidern.
Wie oft will dir jemand eine Erfahrung, ein Erlebnis oder ein Problem erzählen, wirklich nur erzählen, du hörst aber gar nicht richtig hin, weil in deinem Kopf entweder ein guter Rat, eine ähnlich gemachte Erfahrung oder ein Erlebnis kreisen und sofort ist deine Sache viel wichtiger als das, was dir erzählt wird.

In meinem Beispiel, das ich dir gab, ist viel wichtiger für dich, den tiefen Sinn zu verstehen und bitte glaube mir, das kannst du nicht, wenn du sofort deine Meinung und deinen Standpunkt gegenüber stellst. Du zeigst keine Bereitschaft, das dir Gesagte zu akzeptieren.
Ich weiß genau wie dein Satz weitergegangen wäre. Du hättest ein dickes „aber“ dahinter gestellt und damit wäre mein Beispiel für dich ohne jeden Gewinn, leeres Geplauder gewesen. Merke dir, jedes „aber“ nach einer in sich abgeschlossenen Aussage ist wie ein Hammerschlag auf einen schon eingeschlagenen Nagel, völlig wertlos.

Wertlos nicht nur im Moment, sondern auch für die Zukunft. Außerdem willst du dich damit wieder in den Mittelpunkt stellen und schenkst deinem Gegenüber nicht die Wertschätzung, nicht die Aufmerksamkeit, die es braucht.
Noch etwas möchte ich dir dazu ans Herz legen. Jeder Satz, den du mit „aber“ beginnst, beinhaltet indirekt, dass der andere zwar etwas weiß, aber ..... du bist klüger, du weißt da besser Bescheid, du hast da sehr wohl eine Meinung und die hat nichts mit der Aussage des anderen zu tun. Jedes „aber“ beinhaltet eine Abwertung des von deinem Gesprächspartner Gesagten.

Wieder Schweigen von meiner Seite, absolute Funkstille! Ich sehe meinen Begleiter an und mir wird klar, ja, er hat recht. Wie oft ist mir schon selbst passiert, dass ich etwas erzählte und sofort waren die Meinungen der anderen Gesprächsthema. Zum anderen, wie oft wurde mir schon etwas berichtet und ich wußte stets etwas dagegen zu halten, anstatt nur hinzuhören und mich für das Gesagte oder das mir entgegengebrachte Vertrauen zu bedanken oder daraus etwas zu lernen. Nun habe ich auf jeden Fall gelernt, dass dem anderen Aufmerksamkeit zu schenken viel wichtiger ist als Besserwisserei.

Ja, so ist es, höre ich wieder. *Lasse in Zukunft bei jedem Gespräch mit einem anderen einfach das „aber" weg und du wirst erleben, um wieviel schöner die Kommunikation ist und wieviel du aus jedem Gespräch lernen kannst.*

Nun bin ich an der Reihe mich zu bedanken, sage ich. Ich danke dir! Dabei fühle ich mich wohl, kein bisschen beleidigt, kein bisschen betroffen. Überhaupt überrascht mich schon die ganze Zeit, wie spielerisch ich die Aussagen annehmen kann.

Um dir das Leben in Zukunft leichter zu machen, möchte ich dir noch etwas sagen. Du fühltest dich, wie du zuvor ausgedrückt hast, von mir unterbrochen mit dem Nachsatz: „Und zwar, weil dich gar nicht interessiert, was ich noch sagen wollte!" um dann auch noch die Aussage anzufügen, dass ich „dich nicht akzeptiere". Siehst du, das ist zum Beispiel eine Idee oder Meinung von dir, die mit meiner Handlung, mit meiner Absicht so gar nichts zu tun hatte, die du dir „ausgedacht" hast und über die

du dann unglücklich oder wie du es nennst, „ein bisschen gekränkt" warst. Du fühlst dich beleidigt oder gekränkt durch eine Sache, die nicht ist, sondern sich erst durch deine Gedankenkombination oder deine Interpretation als Wahrnehmung entwickelte.
Meine einzige Absicht war, dich zu unterbrechen, alles andere sind deine Erfindungen. Kannst du das verstehen? Wie oft fühlst du dich beleidigt, wo nur eine Feststellung gemacht wurde, die du, und nur du, als Beleidigung oder Kränkung ausgelegt hast?
Ja, das Ego ist immer gleich eingeschnappt und fühlt sich gerne als Opfer. Der andere ist dann schuld daran, wenn es dir nicht gut geht. Obwohl einzig und alleine deine Wahrnehmung, deine Einbildung ausreichte, einen Grund zu haben, beleidigt oder gekränkt, verletzt oder sonst etwas zu sein. Du kannst also in jedem Fall und in jeder Situation entscheiden, ob du dich als Opfer fühlst oder nicht. Ist dies zu wissen nicht ein riesiger Vorteil, um danach zu handeln? Du entscheidest ob du dich beleidigt oder übergangen fühlst, du entscheidest ob du gekränkt oder verletzt reagierst. Alleine das zu erkennen, wird dein Leben völlig verändern.
Kannst du damit etwas anfangen oder ist, mir hier zu folgen, schwierig für dich?

Nein, dich zu verstehen ist nicht schwierig, nur immer so zu handeln, sich daran stets zu erinnern, wird vielleicht nicht einfach sein!

Mein Begleiter lächelt und meint: *„Übung macht den Meister!“*

Das Eichhörnchen hat schon längst mein Bein verlassen, dafür sitzen jetzt zwei kleine Meerkatzen vor meinen Füßen und beobachten mich ganz neugierig, untersuchen meine Schuhe, setzen sich neben mich auf die Bank, knabbern an irgendwelchen mitgebrachten Früchten und spucken die Reste in weitem Bogen von sich. Von der Zutraulichkeit der Tiere bin ich völlig angetan, jetzt setzt sich das eine der beiden sogar auf meinen Schoß und ich denke bei mir, na, solange kein Elefant diesen Platz einnimmt, soll es mir recht sein.

Komm, lasse uns noch ein Stück durch den Park wandern, ich will dir noch eine schöne Stelle zeigen, sagt mein Begleiter und steht auch schon auf.

Flugs verläßt das Meerkätzchen meinen Schoß, als hätte es die Worte verstanden und ich bin gerne bereit mitzukommen. Meine Augen können sich gar nicht satt sehen an den wunderschönen Dingen die rund um mich stehen. Bäume mit herrlich reifen Früchten und ich habe den Gedanken, ob man davon wohl auch essen darf?

Ja, höre ich wieder meinen Begleiter sagen, *du darfst soviel essen wie es dir beliebt.*

Ich will mich zwar an die Tatsache, dass jeder meiner Gedanken erfaßt wird, gewöhnen, trotzdem, sehr angenehm finde ich es nicht, wenn man gar nichts denken kann ohne nicht sofort eine Antwort zu bekommen. Er ist mir schön langsam unheimlich, dieser Gedankenleser.

Ja, sagt er schon wieder! *Findest du es nicht auch selbst interessant, welche Gedanken durch deinen Kopf schweben. Außerdem glaube ich, kannst du lernen, deine Gedanken im Zaum zu halten, sie zu kontrollieren. Das ist doch eine gute Übung. Einfach einmal für kurze Zeit nur das zu denken, was du ohne Schaden für dich oder andere auch aussprechen könntest. Wisse, der Gedanke ist alles. Der Gedanke ist der Beginn von allem! Mit deinen Gedanken bist du Schöpfer deines Lebens, deines Schicksals!*

Die größte Macht im Himmel und auf Erden ist Gedankenkraft,
Gedanken sind die Schöpfer,
aus denen Freud und Leid gemacht.
Alles fängt durch das zu wirken an,
was im Gedanken Gestalt gewann!
Wisse, dein Denken ist, das deine Welt erschafft,
denn, die größte Macht im Himmel und auf Erden
ist Gedankenkraft.

Nütze diese Kraft, die dir als göttliches Wesen gegeben,
werde dir bewusst, dass deine Gedanken

dich lähmen oder erheben,
dass sie es sind die dein Leben gestalten!

Mein Begleiter lacht wieder, streckt seine Hand aus und pflückt mir von einem Baum eine Frucht.

Ich kenne sie nicht, habe so eine Frucht noch nie gesehen. Wenn ich sie beschreiben müsste, würde ich sagen, ein Zwischending von Apfel, Nektarine, Mango. Ich nehme sie dankend an und überlege, ob sie wohl geschält werden muss?

Schon kommt die Antwort: *Du kannst sie essen wie sie ist, versuche es.*

Ich koste vorsichtig und - sie schmeckt wunderbar, herrlich, reif und süß - einfach eine Köstlichkeit denke ich.

Mein Begleiter lächelt und schweigt, war mit meinen Gedanken wohl zufrieden.
Wir kommen zu einem kleinen Fluss, gehen einen gepflasterten Weg am Flussrand gegen die Strömung. Ich kann mich gar nicht satt sehen an den prächtigen Blattformen, den verschiedenen Größen und Grünfärbungen. Mal sind die Blätter glänzend grün, dann wieder matt-samtig, riesengroß oder lang und schmal, dazwischen Palmen und immer wieder die verschiedensten Obstbäume. Ein Blick auf den

Weg und jetzt sehe ich erst, die Pflastersteine sind keine gewöhnlichen Steine, sie sind lauter - nein, nein, das kann nicht sein - ich bücke mich und berühre was ich sehe und ich traue meinen Augen nicht. Ist das wirklich wahr oder habe ich Halluzinationen? Ich blicke zu meinem Begleiter auf, er amüsiert sich köstlich über meine Ungläubigkeit und meinen Zweifel.

Ja, du siehst richtig und deine Gedanken sind aussprechbar. Dies sind lauter Edelsteine.

Ich kann es nicht fassen, warum legt man so etwas hier auf Straßen? In meiner Welt trägt man solche Steine verarbeitet als Schmuckstücke oder als Energiespender in der Rock- oder Hosentasche, um sie hin und wieder in die Hand nehmen zu können. Ich kann mich gar nicht in die Reihe kriegen über dieses Erlebnis. Plötzlich habe ich das Bedürfnis, meine Schuhe abzustreifen, um barfuß über die Edelsteine zu gehen. Ein herrliches Gefühl!

Wir setzen unseren Weg fort. Noch immer steht die Sonne hoch am Himmel, die Luft ist angenehm warm und ich fühle mich ausgesprochen wohl. Wie lange mag ich wohl schon in dieser anderen Welt verweilen? Mein Zeitgefühl ist völlig verloren gegangen. Wann werde ich erfahren wo ich bin und wie ich hier herkam?

Was spekulierst du denn? höre ich meinen Begleiter, *was geht durch deine Gedanken?*

Also bitte, ich werde doch noch einen Gedanken denken dürfen ohne sofort Rede und Antwort stehen zu müssen. Trotz dieser ganzen Schönheit hier bin ich ärgerlich über diese Frage.

Ja, ich merke und ich spüre, dass du ärgerlich bist. Von dir geht Kälte aus, die mich frösteln läßt. Überlege einmal, was habe ich getan, um deinen Ärger aufkommen zu lassen? meint mein Begleiter und spricht weiter:

Ich frage dich, liebe Freundin, was ist passiert,
was habe ich getan, dass sich deine gute Laune verliert?
Welche deiner Regeln hab ich verletzt
und dich damit in Ärger versetzt?
Was denkst du, wie ich mich verhalten soll,
damit in dir schweigt Hader und Groll?

Was glaubst du hab ich unterlassen oder getan,
was, dich nicht gut oder dich wohl zu fühlen, beeinflussen kann?
Kann es denn sein, dass das, was im Außen passiert,
deine Gefühle so machtvoll dirigiert?
Kann es denn sein, dass du dich abhängig gemacht,
von Regeln die du für andere erdacht?

Um sodann, wenn diese Regeln werden verletzt,
dich diese Tatsache in Aufruhr versetzt?
Überdenke einmal, wie viele Regeln gibt es in deinem Leben,
die lähmend und kräftezehrend sich erheben,
immer dann, wenn etwas deiner Vorstellung,
deinem Muster widerspricht,
dich reizt, aufbrausen läßt, mit Zorn im Gesicht?
Warum, liebe Freundin, hängt dein Glück von anderen ab?

Sieh mal, ich habe dich völlig harmlos gefragt: „Was spekulierst du denn, was geht durch deine Gedanken?" Habe ich dich geärgert oder warst du diejenige, die den Ärger aufkommen ließ? Meine Absicht war, dir bewusst zu machen, wo deine Gedanken verweilen. In dem Erleben hier oder sonstwo.
Du aber sahst darin einen Anlass, dich ärgern zu müssen. Komm, lass uns hier eine kleine Pause einlegen und darüber sprechen.

Einverstanden!

Er hat absolut recht, denke ich bei mir, ich habe wirklich viele Regeln in meinem Denksystem. Mir wird selbst bewusst, wie leicht ich die Beleidigte spiele, wie leicht ich mich nicht beachtet fühle oder mich reizen lasse. Wieso ist mir das noch nie bewusst geworden, wieso gebe ich denn wirklich anderen die Möglichkeit mich nicht gut zu fühlen?

Wieder lacht mein Begleiter! *Eine gute Frage, die du dir gestellt hast.*

Ja, natürlich, mein Gedankenleser weiß ja schon wieder, was in mir vorgeht. Schön langsam muss ich mich wohl daran gewöhnen, dass ihm nichts verborgen bleibt.

Wir setzen uns an das Flussufer und ich strecke meine Füße in das glasklare und angenehm kühle Wasser. Eine schöne und friedliche Stimmung umgibt uns, das Plätschern des Bächleins klingt wie Musik in meinen Ohren, hell und klar.

Ja, es ist schön hier, höre ich mein Gedankenecho.

Hat dich die Wiederholung deiner Gedanken jetzt gestört? War dies für dich wieder ein Grund ärgerlich zu sein?

Ich blicke meinen Begleiter an und lache. Du bist ganz schön hartnäckig, mich auf den Punkt zu bringen, sage ich.

Ja, so ist es! Schön, dass du wieder lachen kannst, dass du die Wolke des Ärgers an dir vorbeiziehen lassen konntest. Um auf die vorhergehende Situation zurückzukommen, darf ich dir folgendes sagen: Mache dir immer wieder bewusst, dass Gedanken eine große Kraft besitzen. Eine Kraft die der Mensch sehr oft unterschätzt. Glaubt ihr nicht „denken werde ich mir doch noch dürfen, was ich will"? Genau das ist aber der springende Punkt. In dieser Meinung verhangen, „dass man ja doch noch denken darf, was man will", liegt der Irrtum oder besser, liegen die Schwierigkeiten.

Hast du einmal begriffen, dass du mit allen Menschen auf Erden eine Einheit im Geiste bist, dass alles, was du denkst, in das Universum, in Form von Schwingung, eingeht und damit für jeden eine Art von Aufnahme ermöglicht, dann wird dir auch bewusst, wie wichtig deine Gedanken sind.

- *Fest steht, dass du die Freiheit hast zu denken, was du willst!*
- *Fest steht aber auch, dass deine Gedanken wichtige Bausteine deines Lebens sind!*
- *Fest steht noch, dass die Gedanken nie die Quelle verlassen, also immer wieder zu dir zurückkehren!*

Sollte dir deine Welt, dein Schicksal, dein Leben also nicht gefallen, dann ändere in erster Linie deine Gedanken. Sodann ändere deine Regeln. Damit verändern sich deine Handlungen und deine Taten. So einfach ist es in einer schönen Welt zu leben.
So einfach!

Jetzt frage ich dich noch etwas. Du kannst dich in Zukunft ja selbst ein bisschen prüfen. Wie würdest du dich fühlen, wenn du nach dem Motto, gedacht ist nicht gesprochen, etwas denkst, was du nicht aussprechen würdest und jemand käme, der deine Gedanken liest und sie ganz unverblümt ausspricht.

- *Wie oft würdest du diesem jemand ärgerlich das Wort abschneiden oder ihn der Lüge bezichtigen?*
- *Wie oft wäre dir peinlich, deine Gedanken so ausgebreitet zu sehen?*
- *Wie oft würde dir dies Freude bereiten?*
- *Wie oft bräuchtest du dich deiner Gedanken nicht schämen?*

Wie würdest du dich hingegen fühlen, wenn du dich so weit bringst nur das zu denken, was du auch aussprechen kannst?
- *Wie oft könntest du dadurch erkennen, dass deine Gedanken ein Segen für dich und die ganze Welt sind, weil es Gedanken der Liebe und des Friedens, der Freude und der Dankbarkeit sind?*
- *Wie oft würdest du dir dadurch auch selbst Unannehmlichkeiten ersparen?*

Meine Füße spielen noch immer mit dem Wasser, in meinem Inneren ist aber eine Saite zum Klingen gekommen, etwas hat mich tief berührt. Etwas in mir sagt ja. Ja, er hat recht.
Zu meinem Begleiter mich wendend frage ich: Bedeutet das letzten Endes, dass meine Gedanken meine Realität erschaffen?

Ja, so ist es! Du hast die Freiheit zu denken! Die Wirkungen in deinem Leben sind ausschließlich das getreue Abbild deiner Gedankenwelt. Dein Leben stellt das Ergebnis der materiali-

sierten Gedankenwelt dar. Die Entscheidung, wie sich deine Welt, dein Schicksal, dein Leben gestalten soll, liegt bei dir.

Wisse, nichts ist unveränderlich, alles ist wandelbar.
Da herrscht kein Gesetz, dass dich an irgendwelche negative Umstände fesseln könnte. Erkenne den Einfluß, den du auf dein Leben hast und höre auf, dich ständig als Opfer selbst zu bemitleiden.

Uff, das sind ja ganz schön massive Enthüllungen, die du mir da machst. Was mich im Moment brennend interessiert, sind die Regeln die ich habe und ändern kann. Was meinst du damit? Kannst du mir vielleicht ein Beispiel geben?

Eine gute Frage, dazu folgendes:

Du hast viele Strategien erfunden, entwickelt und als Regeln in dein Leben eingebaut.

Ein paar dieser Regeln will ich dir benennen,
damit du sie schneller kannst erkennen
und lösen, einfach für nichtig erklären,
damit sie nicht länger dein Dasein erschweren.

Eine deiner Regeln könnte zum Beispiel sein,
dein Glück ist abhängig allein,

vom Verhalten der anderen, wie diese agieren,
ob sie dich ablehnen oder akzeptieren.

So hast du dein Glück in die Hände anderer gelegt,
Tatsache jedoch ist, dass dies niemand dazu bewegt,
deinen Regeln zu entsprechen,
darauf zu achten, sie nicht zu brechen.
Denn von deinen Regeln weiß niemand Bescheid,
ahnt nichts von deiner Bereitschaft zum Leid.

Dann wieder denkst du, deine gute Laune,
deine Freude die müssen vergehen,
wenn andere griesgrämig durchs Leben gehen,
denn deine Regel lautet vielleicht,
dass die schlechte Laune der anderen schon reicht,
um auch dich in Mißmut zu versetzen,
dein Lächeln, deine Freude abzusetzen,
weil du denkst, in so einem Fall,
nun, „was der kann, kann ich noch allemal“,
der andere ist schlechter Laune, na bitte sehr,
mürrisch zu sein, fällt auch mir nicht schwer.
Schwupps hast du deine gute Laune, deine Freude umgedreht,
aus Übellaune nun deine Welt besteht.

Vielleicht ist eine Regel in deinem Leben,
die anderen müssen dir Anerkennung geben,
glücklich und zufrieden kannst du nur sein,

wenn andere dich mit Lob erfreuen,
wenn jeder dir sagt wie großartig du bist,
keiner sich bei dir zu bedanken vergisst.
Passiert dies nicht dann ist dir klar,
dass deine Handlung nicht richtig war.
Sogleich ist dein Selbstbewusstsein vernichtet,
Hader und Groll sich in dir verdichtet.
Abhängig hast du dich von der Bewertung anderer gemacht,
und leidest, wird sie nicht erbracht.

Eine deiner Regeln kann zum Beispiel sein,
dass dich der nicht liebt,
der dich nicht umarmt, dir Küsschen gibt,
der dir nicht auf Schritt und Tritt erklärt,
dass das Leben ohne dich keinen großen Wert.
Ganz schnell siehst du dich von allen gehasst,
wenn ihr Tun nicht in dein Verlangen passt,
keiner mag dich, so denkst du und bist vergrämt,
beginnst zu nörgeln, kritisieren, ungezähmt,
denn deine Regel, dich geliebt zu fühlen, wurde verletzt,
jetzt darf jeder wissen, dass du ihn auch nicht schätzt.

Deine Vorstellungen von „geliebt sein“
wurden nicht beachtet, nicht erfüllt,
sogleich hast du dich in Gram gehüllt
und leidest an tiefer Depression,
ich frage dich, was hast du davon?

Das wirklich Fatale an diesen von dir gemachten Regeln ist, dass viele davon nur erstellt sind, um dich nicht wohl zu fühlen, ganz wenige aber, um dich wirklich gut zu fühlen.

Besteht die Möglichkeit, dass ich mit dem Verhalten anderer unzufrieden bin, nur um nicht zu sehr die Unzufriedenheit mit meinem eigenen Tun betrachten zu müssen? Suchen die Menschen die Ursache der Widrigkeiten, die sie im Leben haben, immer im Außen, ich meine in den Begebenheiten und Menschen um sie?

Diese Frage ist gut. Ich sehe schon, wir kommen weiter, meint mein Begleiter. Und weiter spricht er: *Die Äußerlichkeiten zu erkennen, ist natürlich wesentlich einfacher. Wenn etwas passiert, was unangenehm oder schmerzhaft ist, so ist man lieber bereit, es anderen zuzuschreiben als sich selbst. Du willst dafür die Verantwortung nicht übernehmen, willst damit nichts zu tun haben. Du versuchst, Geschehnisse, die dich unangenehm berühren, auf äußere Umstände, auf das falsche Verhalten der anderen abzuschieben, somit auf diese Weise zu bereinigen. Und doch muss ich Dir sagen, dass immer die eigenen inneren Ansichten ein Geschehen bewirken. Die innere Affinität, die im Menschen vorhanden ist, lässt das Äußere geschehen, zieht es sozusagen an.*

Heißt das im Klartext, dass alles, was mir zustößt oder passiert, in mir bereits vorbereitet wurde?

Hier hörst du von mir ein klares „JA"! Ich bin davon überzeugt, dass du jetzt nach Ausreden und Ausflüchten suchst, dass du versuchst Geschehnisse zu finden, die deiner Meinung nach wirklich nichts mit dir und deinem Verhalten zu tun haben. Ich sage dir aber nochmals und nachdrücklich, dass alles, aber auch wirklich alles, was um dich geschieht, mit dir zu tun hat. Alles was geschieht, hast du, von langer Hand vorbereitet, in die Wege geleitet, oder geschieht, um dir etwas aufzuzeigen, dir zu zeigen, wo du eine Schwäche in dir versteckt hältst, die sich vergraben konnte und für dich im Moment nicht sichtbar ist.
Allzu oft bist du versucht deine Aufmerksamkeit ausschließlich auf Äußerlichkeiten zu richten, du glaubst, dass alles, was Außen, um dich herum geschieht, nichts mit deinem Inneren zu tun hat. Das ist nicht richtig. Richtig ist zu wissen, dass sich alles von Innen nach Außen entwickelt. Was in dir ist, muss, ich betone, muss, sich im Außen zeigen. Kannst du das verstehen oder annehmen?

Also ich verstehe dies so, dass du mir sagen willst, das Äußere, die Geschehnisse in meinem Leben, sind das Fabrikat dessen, was ich im Inneren erzeugt habe.

So ist es, du bist die Fabrik, du bist der Hersteller aller Dinge, die auf den Markt kommen. Mit „auf den Markt kommen" meine ich, dass alles, was du produzierst auch nach Außen angeboten wird. Ganz banal ausgedrückt, du kannst keine Stiefel anbieten, wenn du Reinseide produzierst, oder auch, du kannst nicht schlecht sein, wenn du gut denkst, du wirst niemals jemand etwas nehmen, wenn du geben willst. Nach Außen wird immer das hervorkommen, was Innen manifestiert ist, was innerlich verankert ist oder produziert wird. Alles was du innerlich produzierst, wirst du im Außen „auf den Markt" in Umlauf bringen. Verstehst du jetzt, dass es falsch ist zu glauben, dass Unannehmlichkeiten, Widrigkeiten und Schlimmes von Außen kommen? Die Wurzel aller Dinge liegt in dir, in deinem Verhalten. „Jeder Mensch ist seines Glückes Schmied!"

Hat das „seines Glückes Schmied" auch etwas mit meinen von dir vorerst angesprochenen Regeln zu tun?

In der Tat, so ist es! Du machst dein Glück immer von Umständen abhängig. Damit gibst du deine Macht und Kraft und Herrlichkeit ab, du willst nicht verantwortlich sein für das, was in deinem Leben passiert. Und ich sage dir dazu:

Deine Macht und wie du sie findest, ich will es dir erzählen,
an dir wird es dann liegen, diesen Weg zu wählen.
Erstens ist alles, was andere tun oder sagen,
abhängig davon, wie du es nimmst,
deine Macht liegt darin, dass du bestimmst,
ob etwas gut oder böse, dumm oder klug,
ob es erhöhte oder erniedrigte, verletzend war oder Betrug.

Die Ursache jeder Wirkung ist deinem Geist entsprungen,
dem anderen ist nur dein Spiegelbild gelungen.
Nicht er ist es der da erzeugt, was in dir tobt und wütet,
du hast deine Macht und Energie vergeben anstatt gehütet.
Wie du etwas wahrnimmst, so wird die Wirkung sein,
jedoch deine Wahrnehmung verändern, schaffst nur du allein.

Ob du das Schwert zum Angriff zückst,
oder im anderen einen Freund erblickst.
du hast stets die Freiheit zu wählen, du nur allein.

In mir steigt abermals der Gedanke auf, wo bin ich? Wie konnte ich hierher gelangen und was habe ich hier zu tun? Jedoch bewegt mich auch, dass ich mich völlig ruhig und gelassen fühle und nichts mich drängt, diese mir fremde Welt zu verlassen. Eine Glückseligkeit macht sich breit, die ich nicht beschreiben kann. Ich ziehe meine Füße aus dem Wasser, lege mich zurück ins Gras und schließe meine Augen. Neben mir höre ich wieder meinen Begleiter, in der mir nun schon sehr vertrauten Art, zu mir sprechen.

Ich kenne deine Gedanken und Fragen und ich bitte dich, noch etwas Geduld aufzubringen, ehe ich dir eine Antwort gebe.

Mit geschlossenen Augen höre ich die Worte und ich spüre eine Welle von Geborgenheit und Verständnis. Wie wird das weitergehen, überlege ich und schon höre ich wieder die

Stimme die mich fragt: *Was willst du tun? Willst du hier noch weiter ruhen oder bist du bereit mit mir weiterzugehen, um mehr noch von dieser Welt zu sehen?*

Natürlich, ich bin bereit. Schnell erhebe ich mich, ich habe jedes Zeitgefühl verloren. Ich muss wohl schon Stunden hier verbracht haben und trotzdem drängt mich nichts, die Anwesenheit zu verkürzen. Im Gegenteil, ich kann mich gar nicht satt sehen an der Schönheit und dem Liebreiz der Umgebung.

Ein so schönes Gebäude von innen zu sehen, wäre für mich sehr interessant, denke ich und noch ehe der Gedanke zu Ende gedacht ist, stehe ich in der Halle eines Hauses.
Also jetzt wird die Sache schon etwas außergewöhnlich, geht es mir durch den Kopf.

Schon sagt mein Freund: *Wundere dich nicht! Hier ist dies und noch vieles andere für dich fremd, doch du wirst dich daran gewöhnen und schnell lernen.*

Gut, mir ist alles recht. Wenn ich singen kann, ein Meerkätzchen auf meinem Knie sitzt und versteht was ich sage, wenn die Parkbänke aus Jade sind und die Wege mit Edelsteinen gepflastert, dann kann ich auch akzeptieren dass ich fliegen kann, oder so etwas ähnliches, denn wie wäre ich sonst in dieses Haus gekommen?

Nun werde ich von der Schönheit und Harmonie des Gebäudes fasziniert. Alles blinkt und glitzert, es ist ganz sparsam eingerichtet, jedoch von erlesener Schönheit. Mein Mund bleibt offen und ich drehe mich nur im Kreis, um bei jeder Umdrehung etwas Neues zu entdecken. Mein Begleiter nimmt mich an der Hand, strebt einer Tür entgegen, die sich, ohne berührt zu werden, öffnet. Eine unbeschreibliche Herrlichkeit umfängt mich. Dies alles muss ein Traum sein und sofort verschwinden, wenn ich erwache.

Keine Angst, höre ich die Stimme ertönen, *dies ist kein Traum, es ist wie es ist.*

Wieder so eine Antwort, mit der ich nicht viel anfangen kann. Es ist wie es ist. Was soll denn das wieder heißen, frage ich.

Ich zeige dir die wirkliche Welt, eine Welt, die sich von deiner Welt der Illusionen unterscheidet.

Nun, jetzt ist mein Verständnis am Ende. Diese Welt soll die wirkliche Welt sein und meine Welt eine Illusion? Die Welt in der ich lebe, soll nicht wirklich sein und dies hier schon? Das geht über meinen Horizont, das ist etwas, was ich nicht verstehe. Das Sonderbare ist nur, dass ich im Moment gar nicht verstehen will, ich will alles einfach hinnehmen wie es gesagt ist, in mir stirbt jede Frage, jeder Zweifel.

Weiter geht die Reise durch das Haus, über eine Stiege aus Glas erreichen wir den ersten Stock, hier ist aus verschiedensten Lichtquellen alles hell erleuchtet, oder spiegelt sich ein Regenbogen im Raum? Ein kleiner Lufthauch ist spürbar und ein feines Glockenspiel erklingt. Hier möchte ich mich hinsetzen und einfach die Schönheit genießen. Schon steht eine Ruhebank mitten im Zimmer. Nur nicht ausflippen, denke ich mir, hier ist alles anders, hier werden Gedanken gelesen, leise Wünsche erfüllt, du musst nicht gehen, sondern wirst von unsichtbarer Hand getragen, alles was du dir nur ansatzweise wünscht ist schon da, ich glaube doch, dass ich im Himmel bin oder im Schlaraffenland oder im Paradies.
Ob ich wohl verrückt geworden bin, schießt es mir durch den Kopf. Mein Begleiter lächelt, drückt meine Hand und tut mir damit kund, zur Besorgnis ist kein Grund. Ich setze mich mit einem Seufzer der Erleichterung auf das Sofa, strecke meine Füße aus und fühle mich einfach wohl. Von irgendwoher klingt das Glockenspiel, der Raum spiegelt die Farben des Regenbogens, neben mir am Boden sitzt mein Begleiter und lächelt mir zu. Ob er wohl etwas im Schilde führt, überlege ich und schon bekomme ich die Antwort.

Nein, ich führe nichts im Schilde, wenn du willst bin ich jedoch jederzeit bereit dir einiges zu erklären. Jetzt wäre zum Beispiel eine gute Gelegenheit, dir das mit dem Fühlen, mit den Gefühlen zu erklären. Bist du daran interessiert?

Ja sicher! Ist meine Antwort. Ich will deinen Ausführungen gerne folgen!

Ehe ich mit meiner Erklärung beginne, will ich, dass du völlig offen bist, kein wenn und aber deine Gedanken verschließen, dass du dich von deinen Meinungen entleerst, und mir ganz ruhig, einfach zuhörst.
Denkst du, dass dir dies möglich ist?

Ich verlange von dir weiters „Ehrlichkeit"
sei bitte dazu kurze Zeit bereit.

Noch etwas, ehe ich zu erklären beginne,
sei nicht gleich persönlich gekränkt und verletzt,
dies bitte ich deshalb, weil ich weiß,
die Menschen werden schnell in Emotionen versetzt
und in diesem Zustand ist der Weg versperrt,
eine neue Sicht der Dinge zu erlangen.
Hier ist ein Ort wo du dich entscheiden kannst,
wie du deine Zukunft gestaltest,
hier ist der Ort wo dir die Klarheit wird geschenkt,
über das, was du für die Wirklichkeit haltest.

Hier spreche ich dir über manches, was du zu wissen glaubst,
und dir damit den Durchblick raubst.
Mag sein, dass du mich für einen Schwätzer hältst,
und Ungeduld, ja Widerstand, als Rettung wählst,
doch glaube mir, ich will dein Glück,
meine Hilfe bringt dich dahin zurück,
wohin deine Sehnsucht dich zieht und drängt,
wovor dich Angst jedoch gefangen hält.

Also, meint mein Begleiter, *lass uns über das Fühlen, über Gefühle sprechen.*
Worte wie beleidigt, angegriffen, machtlos, traurig, gekränkt, frustriert, wütend, verunsichert, ratlos, niedergeschlagen, deprimiert, übergangen, zurückgesetzt, empört, sauer, unwichtig, gefährlich, unfähig, streitsüchtig, eifersüchtig, maßlos, gestreßt, überfordert, ungeliebt und so weiter erzeugen in dir ein Gefühl. Damit meine ich, dass jedes Wort in dir ein emotionales Muster hervorruft und damit auch Reaktionen auslöst. Diese Reaktionen nennst du dann Gefühl oder du sagst, wie zum Beispiel vorher „ich fühle mich betroffen, ich fühle mich übergangen“! Deine weitere Reaktion ist: „Du bist beleidigt, gekränkt!“ Du hast das Gefühl, „zurückgesetzt, nicht gefragt zu sein!“
Du kannst jetzt natürlich in diesen Gefühlen schwelgen und niemand kann dich davon abbringen oder vom Gegenteil überzeugen. Du fühlst dich als Opfer und leidest. Deine Gefühle haben die anderen oder der andere ausgelöst und weil vielleicht

auch noch das Wort „machtlos" zu deinem Wortschatz gehört, bist du machtlos, wieder nur ein Gefühl, etwas zu verändern.

Ich habe dir bei deinen Regeln schon gesagt, dass du mehr Regeln hast dich nicht gut zu fühlen, als dich gut, glücklich oder zufrieden zu fühlen.

Genauso verhält es sich bei den Worten die deine Gefühle ansprechen. Du besitzt wesentlich mehr Ausdrücke um negative Gefühle zu erleben als positive.
Die einen Worte oder Ausdrücke lähmen dich, die anderen erheben dich.

Zu den Worten die dich erheben zähle ich zum Beispiel: tatkräftig, erfolgreich, liebevoll, einfallsreich, verständnisvoll, ideenreich, schwungvoll, glücklich, gesegnet, mutig, entschlossen, energievoll, kühn, kreativ und so weiter. Diese Worte lassen in dir auch Gefühle entstehen, nur sind diese aufbauend, stärkend, eben Gefühle um dich wohl zu fühlen.

Damit will ich sagen, dass sowohl dein Wortschatz wie auch deine Wortwahl wesentlich dazu beitragen, wie du dich fühlst. Weiters sage ich dir, alles im Leben bedarf deiner Zustimmung, das heißt, alles, aber auch wirklich alles, unterliegt deiner Entscheidung.

Deiner Entscheidung unterliegt, ob du über die Aussage eines anderen unglücklich, beleidigt, gekränkt etc. bist oder ob du sie als Hinweis, Hilfe oder eben nur als Sichtweise des anderen betrachtest und ohne Emotion reagierst.

Ich sehe meinen Begleiter wieder mit großen Augen an und sage, ich muss ehrlich zugeben, so habe ich meine Gefühle oder meine Reaktionen noch nie betrachtet. Auch, dass ich hier eine Entscheidung treffen könnte, kam mir noch nie in den Sinn. Willst du mir damit wirklich sagen, dass meine Gefühle abhängig sind von meiner Wortwahl? Zusätzlich dessen, dass ich abhängig bin von der Meinung der anderen über mich? Mit einem Wort, dass ich mich fremdbestimmen lasse?

Ja, so ist es! Doch über die Fremdbestimmung bist du in der Regel sehr dankbar, denn so kannst du dich als Opfer fühlen, der andere ist der Übeltäter. Du bist, deiner Meinung nach, völlig schuldlos. Damit hast du deine Verantwortung abgegeben und dich somit bereitwillig als machtlos erklärt. Wenn du dir dessen jedoch nicht bewusst wirst, dir dein Verhalten nicht wirklich ansiehst, wirst du keine Veränderung herbeiführen können.

Höre, was ich dir zu sagen habe:

Nur ein Herzschlag lang und alles kann anders sein,
läßt du die Freude und die Liebe deine Bestimmer sein.
Nur ein Herzschlag lang genügt um Klarheit zu erhalten,
wie du im Herzen denkst, so wird sich das Leben gestalten.
Nur ein Herzschlag lang und der Himmel ist auf Erden,
weil der Friede Gottes und seine Kraft deine Begleiter werden.
Nur ein Herzschlag lang lieber Mensch, ein Herzschlag genügt,
zu erkennen, dass du der bist, dem sich das Leben fügt.

Nun, das ist ein Hammer. Das heißt doch im Klartext ausgesprochen, dass ich meine Gefühle kontrollieren könnte, mich jedoch durch das Verhalten der anderen manipulieren lasse, dass ich das Verhalten oder die Aussagen der anderen aus Bequemlichkeit als wichtiger ansehe als mein Selbstbewusstsein und dadurch meine Handlungen beeinflussen lasse.

Ja, so ist es! Du kannst diese Tatsache vom Verstand oder von deinen bisherigen Erfahrungen her nicht ganz akzeptieren und daher wirst du wieder krampfhaft nach Ausflüchten suchen. Wenn du jedoch gewillt bist, auch nur ein Teilchen davon zu akzeptieren, dann wirst du erkennen und das immer öfter:

- *Was immer du in Worte kleidest und damit als wirklich empfindest, findet seinen Ausdruck!*
- *Wie sehr du von Lob und Anerkennung oder von Tadel und Kritik anderer abhängig bist!*

- *Wie schnell du durch das Verhalten anderer ärgerlich, zornig oder beleidigt, gekränkt reagierst. Wobei deine Reaktion stets von deiner Deutung der Worte des anderen ausgelöst wird!*
- *Du wirst erkennen, mit welcher Begeisterung du dich an Althergebrachtes bindest, auch wenn es dich todunglücklich macht, anstatt die Fesseln zu sprengen!*
- *Dir wird bewusst werden, wie oft du neidisch, eifersüchtig, lieblos, ja sogar aggressiv bist und diese Eigenschaften einhüllst oder rechtfertigst mit Moral, Ethik oder Tradition!*
- *Wie leicht du dich von Entschlüssen abbringen läßt nur weil andere sie nicht in Ordnung finden!*
- *Wie gerne du dich mit anderen vergleichst – sei es um dich als besser einzustufen oder schlechter zu machen – und damit deinen Selbstwert nicht akzeptierst!*

Ich bin ganz still und meine Stimmung ist am Nullpunkt angelangt. Ich sitze in meinem bequemen Sofa, mein Kopf hängt nach unten, ich fühle mich hilflos und den Tränen nahe. Zu meinem Begleiter gewandt sage ich mit leiser Stimme: „Ich muss ja ein richtiges Scheusal sein! Im Moment fühle ich mich richtig zertreten!“

He, Freundin, ruft mein Begleiter. *Wach auf! Soll ich mit dir jetzt Mitleid haben oder dich trösten? Oder erinnerst du dich deiner Möglichkeiten? Du bist weder ein Scheusal noch habe ich dich zertreten. Das ist ja die Krux in deinem Leben, dass du dich von allen Äußerungen, Ansichten, Meinungen angegriffen, ja persönlich beleidigt fühlst, und sofort in Selbstmitleid verfällst. Mit Tränen in den Augen und weinerlicher Stimme spielst du die Rolle einer Schwachen, Hilflosen. Ich sage dir, diese Hilflosigkeit ist erlernt. Du denkst, in deiner Schwäche liege deine Stärke um das Ruder herumzureißen und eine Situation zu verbessern.*

Komm, wach auf, erhebe dich aus deinem bequemen Sitz, richte dich auf, straffe deine Schultern, hebe deinen Kopf und lächle! Ich bitte dich, tue es!

Mit einigem Widerwillen, wie ein trotziges Kind, folge ich den Anweisungen meines Begleiters. Erhebe mich, straffe meinen Körper, hebe meinen Kopf und verziehe meinen Mund.

Ja, ja, meint er, *schon besser. Nun versuche ein Lächeln, keine Grimasse, auch wenn dir im Moment nicht nach lächeln zu Mute ist, lächle!*

Also gut, denke ich und ziehe meinen Mund von einem Ohr zum anderen. Plötzlich kann ich mich nicht mehr halten und breche in schallendes Gelächter aus.

Mein Begleiter springt auf, klatscht begeistert in die Hände, beginnt sich im Kreis zu drehen und ruft: *Ja, ja, ja.* Er fordert mich auf:

Sage ja zum Leben,
sage ja zu dir,
sage ja zu deiner Kraft,
sage ja zu deiner Göttlichkeit,
*denn, **„du bist wundervoll“**,*
du bist stark,
du bist das Licht der Welt – hast es nur zu lange verstellt.
In dir liegt die Kraft alles zu verändern,
du musst es nur erkennen,
beim Namen nennen
und nicht als Opfer der anderen durch das Leben rennen.

Unbeschreibliche Heiterkeit erfüllt mich und plötzlich spüre ich:

Da ist ein großes Raunen tief in meiner Brust,
da ruft etwas nach Freiheit und nach Lebenslust,
da will etwas zerbersten, was ich zum Schutz gebaut,
zerspringen will es und zerbrechen, worauf ich so vertraut.

Da ist ein großes Flehen tief in meiner Brust,
bittet mich ganz leise, mache dir bewusst,

du brauchst nicht Schutz noch Mauer
du brauchst nicht Leid noch Trauer.

Lasse alles los, was dich gefangen hält,
öffne dein Herz und liebe die Welt,
lebe die Freiheit, höre auf mich,
so sagt dieses Flehen, ich bitte dich!

Welche Mauern habe ich denn um mich gezogen, wovor muss ich mich denn schützen und wozu tue ich das? Oh mein Gott, was kommen da für Fragen in mir hoch?

Mein Begleiter lächelt und meint, *diesem Raunen, diesem Flehen tief in deiner Brust, dem solltest du Aufmerksamkeit schenken.*

Ich setze mich wieder auf das bequeme Sofa und mein Mund ist trocken. Ja, ein Glas Wasser wäre jetzt wohl das Beste. Kaum geht dieser Gedanke durch meinen Kopf, steht schon ein kleiner Tisch vor mir mit einem Glas Wasser und einem kleinen Kännchen mit Zitronensaft.

Mein Herz schlägt vor Aufregung bis zum Hals. So etwas kann doch gar nicht möglich sein.

Wieder lacht mein Begleiter. *Ja, hier, wo du jetzt bist, erkennst du sofort die Erfüllung deiner Wünsche und Gedanken. In dei-*

ner Welt werden sie ebenso erfüllt, jeder deiner Gedanken nimmt Gestalt an, doch willst du sie nicht als deine Produkte erkennen, weil die Gedanken, Wünsche oder Erwartungen oftmals nicht ganz lupenrein sind. Doch wisse, das tut der Erfüllung keinen Abbruch. Wie sich deine Welt, dein Leben gestaltet, liegt nur an dir.

Nun, das hast du mir ja hinreichend dargelegt. Ich habe deine Erklärungen zur Kenntnis genommen und ich werde sie mir auch zu Herzen nehmen. Doch ich habe dazu noch eine Frage, darf ich?

Natürlich, nur heraus mit deinen Fragen, sie sind sehr wertvoll! Also, was ist dir noch nicht ganz klar?

Du sagtest einleitend, dass ich mich nicht persönlich betroffen fühlen soll, nicht gleich verletzt und gekränkt sein soll und doch haben mich deine Worte, gelinde ausgedrückt, verwirrt. Vor allem, wenn ich zum Beispiel wirklich unglücklich bin, wie kann ich da, nur durch ein anderes Wort, wobei mir für unglücklich gar kein anderes Wort als Ersatz einfällt, meinen Zustand verändern? Oder, wenn ich Angst habe, wenn mich eine unbeschreibliche Angst befällt?

Dachte ich mir doch, dass du hier einhaken wirst, meint mein Begleiter. *Zum ersten, du sagst du bist verwirrt. Ein gutes Wort. Denn wenn du so richtig verwirrt bist, besteht eine Chance zur*

Veränderung, besteht eine Möglichkeit eine Veränderung in Betracht zu ziehen. Solange alles „sonnenklar“ ist, bist du nicht bereit, etwas zu verändern. Zum anderen gebe ich dir einen Hinweis. Wenn du „unglücklich“ bist und dir das immer wieder sagst oder denkst, wird sich nichts ändern, du könntest aber auch die Worte verwenden: Ich bin „im Moment nicht ganz auf der Höhe“. Damit drückst du zwei Dinge aus. Du sagst dir „im Moment“, das heißt, der Zustand muss nicht lange dauern und, „nicht ganz auf der Höhe“ sagt dir, dass du dich am Weg dahin befindest. Glaube mir, deine Wortwahl ist wichtig. Du kannst dies ja ausprobieren und du wirst sehen, wie rasch sich eine Veränderung einstellt.

Und nun noch etwas:

Alles was du befürchtest kommt zu dir,
peilt dich an mit sicherem Gespür,
trifft dich, obwohl von dir erdacht,
wie ein Keulenschlag, mit ganzer Macht.

Obwohl von dir in die Welt gesetzt,
fühlst du dich betroffen und verletzt,
denkst dann auch noch und das ist fatal,
dies sei ein Richtspruch Gottes, ungerecht die Qual.

Mein lieber Freund, du Kind der Welt,
dich hat noch nie etwas gequält,

was nicht von deiner Idee geboren,
was du dir nicht selbst als „Schicksal" erkoren.

Alles, aber auch alles ist deine Illusion,
hat sich gebildet aus eigener Emotion,
du hast gedacht, gewählt und damit erfahren,
wie deine Gedanken, Gefühle waren.

Nur du und sonst niemand
und schon gar nicht Gott,
brachte dich in Schwierigkeiten,
brachte dich in solche Not.

Weiter spricht mein Begleiter mit eindringlicher Stimme:

Glaube ja nicht, deine Gedanken seien egal,
glaube lieber, dass sie bestimmen, Aufstieg oder Fall.
Dein Programm, dein Gedanke ist Realität,
was du im Leben erntest, hast du in Gedanken gesät.

Mach dir bewusst deines Geistes Kraft,
weil nichts, nicht einmal Gott, Verwandlung schafft.
Du hast die Freiheit deine Gedanken zu wählen,
drum achte darauf ob sie dich freuen oder quälen,
und wisse, dass außer dir niemand die Macht besitzt,
zu verändern, was deinen Geist erhitzt.

Glaube ja nicht irgendein Gedanke sei egal,
jeder ist ein Baustein deines Lebens, wirkt in deinem Schicksal.

Weil Angst das größte Thema deiner Welt ist, will ich dir dazu noch einige Hinweise geben:

Angst, wenn du sie dir genau betrachtest, wenn du dein Denken, deine Handlungen ehrlich prüfst, würde sich schnell als nutzlos erweisen. Angst, wenn du sie richtig deutest, ist meist eine von dir gehegte Idee, eine von dir erdachte Sorge oder Befürchtung, eine Erwartung, die dich in Angst versetzt. Angst ist eine Illusion!

Urteil, Schuld, Sünde, Ärger, Neid, Zorn, Wut, Ablehnung, Angriff, Verteidigung, Krieg, Eifersucht, Hass, alle diese Handlungen entstehen aus Angst.
Angst ist das System mit dem die ganze Menschheit manipuliert ist. Angst nicht perfekt genug zu sein, nicht anerkennt zu werden, zu versagen, nicht geliebt zu sein, krank oder angesteckt zu werden, verlassen zu werden, nicht das Richtige zu tun, etwas nicht zu schaffen, Angst vor Zurückweisung, ausgelacht zu werden, ausgenützt zu werden, Einsam zu sein, Angst davor, seine Meinung zu sagen, vor den Behörden, vor der Gesellschaft, den Job zu verlieren, keine Arbeit zu bekommen, nicht wertvoll genug zu sein.

Angst wird von dir gezeugt, angebetet und geschützt. Du lässt sie dir auch nicht gerne nehmen, denn sie ist es, die dir beweist, dass das Leben ein Kampf ist. Angst ist der Zustand in dem die Liebe GOTTES ausgeschlossen wird.

Angst ist der Zustand der dich lähmt, der dir die Idee einflößt, du müsstest dich verteidigen, du müsstest deine Feinde angreifen, dich stets rechtfertigen, damit du nicht dein Gesicht verlierst.

Angst ist manchmal groß und manchmal klein, doch der tiefe Grund für alle Ängste ist, du willst das von dir gemachte Bild nicht verlieren. Das von dir gemachte Bild ist, du bist immer ein Opfer der anderen.

Angst lässt dich wutschnauben, Angst lässt dich zornig, böse, verletzend werden. Du denkst, dass all diese Dinge Angst in dir verschwinden lassen, dass Schreien, Brüllen, Angreifen, Kritisieren, Verurteilen, Grausamkeiten, Hass ein Ausweg aus der Angst sind.
Angst ist ein anderes Wort für Hölle.

Jeder Ärger ist auch Angst, doch dies zu erkennen bedarf einer tieferen Einsicht. Ärger kann nur dann eintreten, wenn du „glaubst" angegriffen worden zu sein und dein Gegenangriff gerechtfertigt ist. Die Entscheidung dich angegriffen zu fühlen

hast du jedoch selbst getroffen. Entsinne dich über dein Ärgerlichsein, wegen meiner Unterbrechung vor Kurzem.
Angst hat viele Gesichter. Denke darüber einmal ernsthaft nach.

Nicht die Angst hält dich gefangen, sondern du hältst die Angst fest, du machst sie zur Wirklichkeit, ich sage dir, sie ist eine Illusion. Du hast sie gewählt und du alleine kannst sie wieder loslassen. Alleine diese Berichtigung, diese Erkenntnis in deinem Leben ist das Tor zu einer mächtigen Befreiung von allen Begrenzungen in deiner Welt. Erkenne, dass, wenn du die Angst wählst, die Liebe ausgeschlossen ist.
Angst ist das Gegenteil von Liebe und Vertrauen.
Darum betrachte dir Angst stets ganz gründlich.

Geh Schritt für Schritt deine Gedanken zurück
und du wirst erkennen, wie du dich selbst abtrennst vom Glück.
Erkenne, in der Angst liegt kein Nutzen im Hier und Jetzt,
du wirst nur von der Vergangenheit gehetzt,
getraust dich nicht neu, einmal anders, zu denken,
mit Liebe im Herzen dein Leben zu lenken.
Vergißt, dass nur dein Denken die Geschicke dir bringt,
weil deine Befürchtungen sie zur Erfüllung zwingt.
Alles, was du befürchtest, wird über dich kommen,
nichts wird verhindert, nichts dir abgenommen,
weil du es so willst, so denkst, so befürchtest, wird es so sein,
„dir geschieht stets nach deinem Willen",
doch das siehst du nicht ein.

Ich muss ziemlich betroffen aussehen, denn nun kommt mein Begleiter auf mich zu und streichelt meinen Kopf. Er fasst mich an den Schultern, drückt mich ganz sanft und sagt:

All das würde ich dir nicht sagen, wenn ich nicht wüsste, dass dein Herz und deine Sinne ganz offen sind und du bereit bist zu lernen. Ich verstehe deine Sprachlosigkeit, jedoch weiß ich auch, dass alles zu deinem Besten geschieht. Ich weiß, dass die Zeit reif ist dich aus dem Irrtum zu befreien, dass da jemand sei, der dich bestrafen will oder dir Leid zufügen will.

Die Menschheit lebt in einem Meer von göttlicher Liebe und merkt es nicht.

Diese göttliche Liebe kennt keine Schranken, keine Mauer, keine Bestrafung und keine Prüfungen.
Nur der Mensch alleine hat die Möglichkeit, diese Liebe abzulehnen, er kann sich entscheiden ob er Liebe in seinem Leben haben will oder nicht. Geliebt zu sein bedeutet aber nicht, nur zu bekommen, sondern heißt, Liebe als vorhanden zu erkennen und zu verschenken. Verschenkst du Liebe so wirst du erkennen, dass es unmöglich ist davon leer zu werden.

Doch höre, was ich dazu noch zu sagen habe:

Ich gebe dir folgende Idee,
sie anzusehen tut nicht weh,
sie soll nur deine Illusionen berühren,
und dich Schritt für Schritt in die Freiheit führen.
Nimm irgendeinen Menschen der dir sehr nahe steht,
oder einen, der dir „auf die Nerven" geht,
oder einen, den du als „Versager" betitelst,
oder einen, dem du „Hochachtung" vermittelst,
nimm irgendeinen Menschen und frage dich dann:
„Was ist, was mich glücklich oder unglücklich machen kann,
was ist, was mich mit Begeisterung erfüllt,
oder meine Kritiklust enthüllt?"
Sei ganz ehrlich und fühle in dich hinein,
woran wohl liegen mag dein „Gefangensein".
Frage dich ganz ehrlich was da ist,
was du begrüßt, was du vermisst,
was du erwartest, was dein Begehren,
wonach du trachtest, sich deine Wünsche verzehren,
wo du beurteilst, was falsch oder richtig,
wo du bewertest, was unnötig oder wichtig,
frage dich ganz ehrlich, was willst du, das ein anderer tut,
damit du ruhig, glücklich, zufrieden bist und jede Sorge ruht.

Es ist nur eine Idee die du betrachten sollst,
eh du den anderen ständig grollst
und meinst, deinem Glück würde nichts im Wege stehen,
würde sich alles nach deinem Wollen drehen.

Überlege wie oft kannst du ein Lächeln wählen,
ohne dass dich die Fehler der anderen quälen,
ergründe wie mißmutig du reagierst,
wie schnell du ärgerlich agierst,
überprüfe wie kritisch du auf andere schaust,
ihren Entscheidungen nicht vertraust.
Denn all dies sind Dinge, die dich gefangen halten,
die dich fesseln und freudlos dein Leben gestalten.

Jedoch, und diesen Irrtum musst du erkennen,
nie sind die anderen als schuldig zu nennen,
deine Wahrnehmung im Außen hat mit dir zu tun,
und nichts, aber auch gar nichts, kann ein anderer tun,
hier eine Änderung einzuleiten.
Es sind deine Regeln die dich verleiten,
im Anderen einen Feind oder einen Freund zu sehen,
Freude zu erleben oder mit Groll zu gehen.
Das Einzige, was du verändern kannst,
ist, dass du deine Regeln verbannst,
dass du in dir veränderst, was dir außen nicht gefällt,
denn es ist nur dein Urteil, das dich gefangen hält,
das dich der Freiheit beraubt und dich quält.

Versuche einfach Akzeptanz, Verständnis, Liebe zu leben,
und Freiheit ist dir wie auch den anderen gegeben.
Friede und Freude wären der Gewinn,
es ist nur eine Idee, jedoch, schau einfach einmal ehrlich hin.

In meinem Kopf dreht sich alles, meine Ohren müssen rot wie eine Tomate sein, mein Herz schlägt mir bis zum Hals, meine Hände sind feucht, meine Knie zittern. Ich fühle mich trotzdem geborgen, ja ich fühle mich absolut wohl und mir ist zumute, als hätte ich gerade einen Haupttreffer gemacht, als hätte ich gerade das große Los gezogen. Noch nie in meinem Leben wurde mir so klar bewusst, wie viele Möglichkeiten vorhanden sind, das Leben zu betrachten, wie viele Möglichkeiten mir gegeben sind, mich selbst zu verändern. Im Hintergrund höre ich noch immer das Glockenspiel oder was es sonst ist, leise Musik, die zu Herzen geht, die berührt.

Mein Begleiter sieht mich wieder an und lächelt. *Soll ich dir nun erklären, was etwas zu fühlen bedeutet? Oder spürst du nun, was mit jeder Faser seines Herzens berührt zu sein heißt?*

Ich kann nur mit dem Kopf nicken. Oh ja, ich bin erfüllt von Gefühlen, ich bin erfüllt von Glückseligkeit.
Eine Ewigkeit muss vergangen sein seit wir in diesem Haus sind, denke ich und schon kommt die Frage:

Willst du noch länger verweilen, oder wollen wir unsere Reise fortsetzen?

Ja, natürlich, ich will ja noch mehr von dieser schönen Stadt sehen. Ich brenne darauf! Obwohl ich schon einige

Male aus dem Wasserglas getrunken habe, zeigt es sich noch immer voll, ich nehme noch einen Schluck und bin bereit zu neuen Taten und zu neuen Erkenntnissen, Erlebnissen. Darf ich noch einen Blick aus dem Fenster machen?

Und ob, sagt mein Begleiter, *du darfst alles machen wonach dir gelüstet, hier gelten keine Verbote oder Gebote. Übrigens auch nicht in deiner Welt, hättet ihr Menschen nicht so viele Gesetze erfunden, um euer Leben zu gestalten und euch das Dasein durch Gesetzesübertretungen zu erschweren.*

Jetzt muss ich laut lachen, denn in diesem Moment fällt mir ein Schild ein, das ich kürzlich gelesen habe, in einem Park in meiner Welt: „Das Betreten des Rasens ist verboten!" Oh ja, sage ich, bei uns gibt es viele Gesetze, viele. Auch solche, die man gar nicht kennt. Bricht man sie aber, dann hat man sich strafbar gemacht – nach dem Gesetz. Noch immer lachend trete ich ans Fenster und blicke in einen Park von so viel Schönheit, dass es mir die Rede verschlägt. Ein Blütenmeer, ein riesiger Teich, eine Menge Tiere. Ist das hier ein Zoo? frage ich.

Nein, nein. Hier können sich alle Tiere frei bewegen. Zäune oder Gehege kennen wir nicht. Hier waltet die Liebe und die braucht keine Gitter und Zäune.

In der Ferne sehe ich einen Wasserfall, eine dichte Vegetation und wieder diese Vielfalt an verschiedensten Gewächsen.

Möchtest du einen kleinen Spaziergang in den Park machen? höre ich die Stimme hinter mir fragen.

Wenn dies möglich ist, gerne, antworte ich.

Natürlich. Wir haben alle Zeit die du willst. Nur erschrick nicht. Die Tiere werden auf dich zukommen, sie haben keine Scheu, sind sehr zutraulich und anhänglich.

Nun, davon habe ich ja schon ein kleines Beispiel genossen. Oh ja, ich freue mich auf das Erlebnis.

Wir verlassen den Raum, eine Türschnalle in die Hand zu nehmen ist nicht erforderlich, alle Türen öffnen sich ohne unser Zutun. Wir gehen über einen langen Gang, ausgestattet mit faszinierenden Blumenarrangements, an den fluoreszierenden Wänden hängen pastellfarbige Bilder, ich kann mich gar nicht satt sehen an der Schönheit. Nun gelangen wir zu einem Lift, auch hier öffnen sich die Türen automatisch. Wir steigen ein und fahren abwärts. Wieder öffnen sich die Türen und wir treten direkt aus dem Lift in den Park. Ich bin richtig aufgeregt, was wird hier auf mich zukommen? Schon sehe ich einen schwarzen Panther auf leisen Sohlen sich mir nähern. Vor mir bleibt er stehen, jetzt habe ich sogar das Gefühl er lächelt mich an, sonderbar. Er umkreist mich und nun geht er neben mir. Ohne jede Angst lege ich meine Hand auf seinen Kopf und er schmiegt sich richtig an mich. Ein Vogel, bunt und wunderschön, setzt sich auf meine Schulter. Immer mehr Tiere kommen herbei, ich kann es gar nicht fassen. Ein kleines Äffchen legt seine Hand in meine und marschiert ganz selbstverständlich neben mir her. Unbeschreiblich, völlig unbeschreiblich ist meine Freude, mein innerer Jubel. Kein Tier ergreift die Flucht, kein Vogel fliegt aufgeschreckt davon. Oh mein Gott, jetzt kommt auch noch ein riesiger Elefant auf mich zu. Jedoch kein bisschen Überraschung regt sich in mir, nein, nur ganz große Verwunderung und Neugierde, was passieren wird. Er bleibt vor mir stehen, legt seinen Rüssel auf meine Schulter, als wollte er mich begrüßen. Nun hebt er eines seiner Beine und irgendwie spüre ich, dass er mich auffordert, seinen Fuß als Aufstieg auf seinen Rücken zu verwenden. Ich sehe meinen Begleiter an, der nickt nur mit dem Kopf, er weiß, was ich fragen möchte. Also balanciere ich mich auf das Bein, geht ganz einfach, der Elefant nimmt mich mit seinem Rüssel um die Taille und schon sitze ich auf seinem Rücken. Nun eilt er im Laufschritt durch den Park in Richtung Wasserfall, den ich vom Fenster aus bereits gesehen hatte. Dort angekommen ist auch schon mein Begleiter zur Stelle. Der Elefant hebt mich wieder ganz vorsichtig mit seinem Rüssel hoch und stellt mich zu Boden. Ich bedanke mich für diese lustige Reise, streichle seinen Körper und mit einem Trompetengetöne trottet er davon.

Nun stehe ich vor dem Wasserfall der in einen großen Teich mündet. Eine Farbenpracht, wie Lichterschein, umgibt oder erfüllt das herabrauschende Wasser. Alle Farben des Regenbogens sind zu sehen und ich möchte mich am liebsten unter das Wasser stellen oder ein Bad nehmen.
Wieder höre ich die Stimme meines Begleiters: *Tue es doch! Spring in die Fluten!*

Also ganz kann ich mich noch nicht an die Tatsache gewöhnen, dass mein leisester Gedanke oder Wunsch vernommen wird. Sehr ungewohnt, wenn jemand immer weiß, was man gerade denkt. Ob ich hier wohl einen Badeanzug bekommen kann ist meine nächste geheime Überlegung. Und nun lautes Gelächter. Was ist denn daran so heiter, frage ich meinen Begleiter.

Verzeih, sagt er, *ich habe ganz vergessen wie begrenzt und kompliziert du sein kannst. Also wegen mir brauchst du dir keine Sorgen zu machen, ich kenne dich auch nackt.*

Nun, wenn das so ist, werde ich eben ohne Badeanzug in die Fluten springen. Gesagt, getan. Ich streife meine Kleider ab und tauche ein in das herrliche Nass. Wunderbar, wun-

derbar, ein himmlisches Gefühl das warme Wasser auf meiner Haut zu spüren, eine einzige Wohltat. Ich mache ein paar Tempi und nun kommt etwas Riesiges, Dunkles auf mich zu. Natürlich, fällt mir ein, hier werden nicht einmal Fische scheu reagieren. Noch ehe ich überlege, was wohl auf mich zukommt, streckt ein Delphin seinen Kopf hoch und lacht mich nun wirklich an, oder lacht er mich aus? Er kommt immer näher zu mir, berührt meine Stirne mit seiner Nase und ich spüre, ich darf mit ihm spielen. Freudig ergreife ich seine Seitenflosse und los geht die Fahrt durch die Fluten. Links und rechts noch einige seiner Kollegen, ich fühle mich unsagbar glücklich. Er macht einen großen Bogen im Teich und bringt mich sodann nahe an die Stelle, wo der Wasserfall einmündet. Ich spüre wieder Boden unter meinen Füßen, lasse den Delphin los, er verabschiedet sich von mir mit den tollsten Gebärden. Ich bewege mich Richtung Sturzbach, stelle mich direkt unter das herabfließende Wasser und genieße das sprudelnde Nass. Halte meine Hände auf, trinke von dem glasklaren Wasser und sehe, mein Begleiter steht am Teichrand. Er winkt mich zu sich, ich eile, springe, tanze zu ihm und er hüllt mich in ein glitzerndes, goldbesticktes Etwas ein. Es ist ein wunderschönes, fließendes Kleid, welches ich mit Begeisterung anziehe, und ich fühle mich wohl und königlich schön.
Ein paar Schritte von uns entfernt stehen eine große Schaukel und einige Sessel, alles wieder vom Feinsten.

Komm, sagt mein Begleiter, *wir wollen hier für kurze Zeit Platz nehmen und ein bisschen plaudern.*

Gerne! sage ich und bedanke mich ganz herzlich für das Kleid und für das Erlebnis mit dem Delphin, ja überhaupt für alles, was ich hier erleben darf.

Er lächelt und wir begeben uns zu den Sitzgelegenheiten, nehmen Platz und ich genieße die traumhaft schöne Umgebung. Mit einem wohligen Gefühl versinke in den weichen Kissen und schließe für einen Augenblick meine Augen. Wieder kommt der Gedanke, wo bin ich und wie kam ich hier her? Doch im Moment will ich keine Antwort, ich bin einfach glücklich.

So ist es, sagt mein Begleiter, *sei einfach glücklich.*

Nach einer kleinen Pause höre ich wieder seine Stimme und er fragt mich:

Was denkst du, könnte der Sinn deines Lebens sein?
Sogleich bin ich wieder hellwach und voller Aufmerksamkeit. Eine gute Frage, sage ich. Die habe ich mir schon sehr oft selbst gestellt!

Schon höre ich seine Worte:

Und, zu welchem Resultat bist du gekommen? Denkst du, dass dein Leben überhaupt einen Sinn hat oder findest du es manchmal sinnlos?

Denkst du, das Leben ist dazu da,
um zu forschen, was in der Vergangenheit war,
um zu ergründen, wie andere agieren,
und sogleich in Mißmut dich zu verlieren?

Meine Frage an dich ist:

Wäre es nicht besser für dich und die Welt,
zu ergründen wie Freude das Leben erhellt?
Zu erforschen wie Friede Labsal bereitet,
was erforderlich, damit Harmonie sich verbreitet?

Zu handeln voller Liebe und Verstehen,
voller Dankbarkeit das Gute im Dasein zu sehen?
Wäre es nicht besser für dich und die Welt,
die Kraft zu erkennen, die liebend dich hält?

Dem Göttlichen in dir dein Ohr zu leihen,
der unbegrenzten Fülle dein Leben zu weihen?
Ohne Angst und Zweifel, nur im tiefen Vertrauen,
die wunderbaren Wege Gottes zu schauen?

Erkennen, dass Beschränkung nur dort sich zeigt,
wo du dich selbst zu beschränken geneigt?
Könnte der Sinn des Lebens darin ruhn,
mit Freude und Liebe alles zu tun?

Meine Bitte an dich ist:
Schau dir doch zu wie du reagierst,
schaue hin und erkenne wo du dich irrst.
Begreife, dass alles, was du siehst,
die Zustimmung deiner Gedanken genießt.
Nichts, aber auch gar nichts kommt zu dir,
zeigst du dich nicht bereit dafür.
Jetzt denkst du wahrscheinlich, so ist das nicht,
und weißt auch genau, was dagegen spricht.
Oberflächlich gesehen mag es auch so scheinen,
doch täusche dich nicht in diesem Meinen.

Möglicherweise glaubst du, Gedanken sind frei,
das, was du denkst sei einerlei,
möglicherweise glaubst du, nur deine Taten haben Gewicht,
nicht aber das, was deine Zunge spricht.

Schau dir zu, wie du dich verhältst,
wie oft du Groll und Hader wählst,
wie oft du dich völlig unverstanden fühlst,
tief gekränkt in Gram dich hüllst.
Wie oft du denkst die Anderen sind schuld,

wenn dich verläßt deine Engelsgeduld,
wenn dir der Kragen vor Ärger platzt,
weil jemand an deiner Ehre gekratzt.
Wie oft du denkst, dass dich niemand versteht,
deine Meinung sowieso immer untergeht.
Sieh dir doch zu, wie oft du Angriff statt Verstehen wählst,
wie gerne du die Fehler anderer zählst.

Wie sehr du das Tun der anderen bewertest,
im Urteilen so dein Herz verhärtest,
wieviele Schranken du vor die Vergebung baust,
niemandem mehr in deinem Leben traust.

Weiter geht meine Frage an dich und ich weiß, du denkst ich wiederhole mich, jedoch in allem ist Sinn und der Ruf an dich, dir wirklich bewusst zu machen, wie du dein Leben siehst.

Wie oft glaubst du, wenn du unglücklich bist,
dass nur der andere dir dein Glück vermiest,
dass, wären die Anderen nett und fein,
auch du wieder glücklich, freundlich könntest sein.

Schau dir doch zu wie du deine Kraft verschenkst,
dadurch, wie du über andere denkst.
Wie du, in jedem einen Feind erspähst,
und so lieblos, freudlos, angstvoll durchs Leben gehst.

Du hast die Liebe mit Schuld und Sünde vertauscht
und merkst es nicht,
siehst weder in dir noch im anderen
das göttliche Licht.

Du bist dir nicht bewusst, dass sich im Außen manifestiert,
so wie dein Innen heimlich agiert.
Mehr noch – viel mehr – als du dir wirst gewahr,
zeigt sich im Außen, was im Innen geschah.

Kennst du den Spruch: „An ihren Früchten werdet ihr sie erkennen!"?

Interessant! sage ich, ich höre dir wirklich gerne zu. Du hast ja vieles von dem jetzt Gesagten schon angesprochen und ich bin von vielen Dingen ehrlich angetan, doch irgendwie regt sich in mir immer noch Widerstand. Mir fehlt einfach die nötige Einsicht, dies alles widerspruchslos hinzunehmen.
Du kannst doch nicht sagen, dass alles was mir passiert, von mir gewollt oder womöglich auch noch geplant ist. Dass sich alleine durch mein Denken Dinge ereignen oder durch mein nicht Bedenken sich das Leben gestaltet.

Doch sagt er, *ich sage es so und ich meine es auch so. Eine Zeit wird kommen, wo du das verstehen wirst und wo du bereit sein wirst, für dich und deine Umwelt „Verantwortung" zu überneh-*

men. Du wirst erkennen, dass deine Wahrnehmungen dein Leben bestimmen, dass es von dir abhängt, wie du deine Mitmenschen siehst.

Solange du dies nicht erkennst,
ist Ohnmacht, was du Stärke nennst,
ist Leiden, Schmerz, Konflikt, dein Lebenselixier,
bedenke, all dies wäre beendet, wäre Liebe in dir.

Und noch einmal bitte ich dich inniglich:

Lasse in dir die Liebe leben,
damit dieses Innen nach Außen kann streben,
damit sich Liebe, Friede, Harmonie in allem zeigen kann,
überströmende Kraft ist dein Begleiter dann.

Was die Menschen so sehr behindert sich zu verändern, ist auch die Tatsache, dass sie aus der Vergangenheit in die Zukunft leben und damit das Hier und Jetzt, den Augenblick versäumen.

Du willst mir damit also nochmals sagen, dass mein Denken mein Leben gestaltet, dass es da niemanden gibt, der für mein Schicksal verantwortlich ist, außer ich selbst?

Exakt, so ist es, meine Liebe. Niemanden ist die Macht gegeben, dein Leben, deine Gedanken, deine Handlungen, deine Sprache zu ändern. Dies liegt nur an dir. Das ist die Freiheit, die dir

gegeben ist. Darin liegt auch die Verantwortung, die du zu übernehmen hast, wozu du jedoch oftmals nicht bereit bist. Zeigen sich in deinem Leben Ungemach, Schmerzen oder Probleme, dann gibst du allen möglichen Umständen da draußen die Schuld dafür, und wenn sonst niemand zur Hand ist, dann muss es wohl „von Gott gewollt" sein, dass du leidest.
Ich sage dir, lasse dich auf das Abenteuer ein, dein Denken zu verändern, verlasse den Weg des Selbstmitleids und des Jammerns und übernimm Verantwortung. Verantwortung für dein Sein.

Deine Einstellung zum Leben, oh liebes Menschenkind,
die solltest du erkunden,
ob liebevoll sie dich erhebt oder dir selbst schlägt Wunden.

Der Glaube an Mangel engt dich ein,
sehen wirst du nur das allein,
was dir, nach deiner Meinung, fehlt,
und klagend wirst du von Mangel gequält.

In diesem Tun kannst du die Fülle nicht erkennen,
den Überfluss, die Liebe, nicht dein eigen nennen,
Dankbarkeit für alles was du hast,
ist flüchtig nur, ein ungebetener Gast.

Du hast dich entschieden,
für den Mangel hienieden,

als Opfer der ungerechten Welt,
hast du dich selbst in den Mangel gestellt.
Du verzichtest auf die Kraft, die Macht, die Fülle,
auf die Wunder des Tages im Hier und Jetzt,
denn du hast deinen Glauben auf Mangel gesetzt.

Getrennt hast du dich in Wahrheit von Gott,
und lebst in der Illusion von Mangel und Not,
das Glück hast du selbst aus der Hand gegeben,
dir selbst verweigert die Freude am Leben.

Mit Selbstmitleid hältst du die Energie gefangen,
die du durch die Liebe Gottes empfangen,
kannst so Empfänger der Gaben nicht sein,
denn der Glaube an Mangel hüllt dich ein.

Er hält dich so lange fest im Griff,
bis du erkennst den einfachen Kniff,
steig aus dem Zug der Machtlosigkeit,
lasse los den Mangel und sei bereit,
in Dankbarkeit anzustreben,
„das Göttliche in dir", voll Kraft und Mut zu leben.

Ich sitze ziemlich sprachlos da und Gedanken und Überlegungen wirbeln durch meinen Kopf.

Ja, sagt mein Begleiter. *Ich sehe, in deinem Kopf tut sich etwas. Deine Gedanken rasen herum und suchen nach Ausflüchten. Ich weiß, in deiner Welt findet sich stets eine Ausrede für das, was dir zuteil wird. Verläuft eine Sache gut, übernimmt jeder gerne die Verantwortung, ist sie aber weniger erfreulich, dann, ja dann muss das wohl das Schicksal sein, welches dir nicht wohlgesinnt ist. Dann, ja dann muss das wohl eine Prüfung sein, die dir von „Gott" gesandt wird. Dann, ja dann, wenn alles schief läuft, dich Kummer und Sorgen erdrücken, wenn du in Leid gefangen bist, dann bist du nicht zuständig, dann hat dir wohl eine „Höhere Macht" dieses Leben zugedacht.*

Hier sage ich dir ganz eindringlich:
Mach dem Unfug rasch ein Ende,
gib dem Leben eine Wende,
denn alles, was in der Vergangenheit dir kein Glück gebracht,
wird auch in der Zukunft, wenn nicht umgedacht,
dir keine Freude bringen.

Gehst du mit Hass, stets mit gezücktem Schwert,
bereit den anderen zu verletzen,
dann ist dein Tun zu gar nichts wert,
Ängste werden dich nur hetzen.

Wenn du andere hasst, verletzt,
kritisch deine Worte setzt,
wenn Zornausbruch und Wutanfall,

Eifersucht und Neid dich treiben,
dann wirst du unglücklich im Herzen
und an Krankheit leiden.

Außerhalb von dir hast du agiert,
und damit deine Energie völlig falsch plaziert.
Entkräftet, glücklos, unbeherrscht hetzt du durch die Tage,
düstre Stimmung und Verachtung werden dir zur Plage.

Liebes Menschenkind, warum verwendest du nicht deine Kraft,
und änderst, was dir Schmerzen, Kummer, Sorgen schafft?
Mit deinem Geist steht es dir frei, zu wandeln dein Verhalten,
doch ohne deinem Wollen kann sich nichts neu gestalten.
Glaube daran, du hast die Kraft, sie ist dir von Gott gegeben,
zerstöre nicht, baue auf, diese Energie in deinem Leben.
Dein Selbstvertrauen wird so sich ständig mehren,
Gesundheit, Friede, Harmonie werden in dein Leben kehren,
Liebe, Freude, Fülle werden in dein Leben rücken,
du brauchst sie dann nur auszudrücken.

Ich sitze in meinem goldbestickten Kleid auf einer unendlich bequemen Schaukel und trotzdem fühle ich mich nicht ganz wohl in meiner Haut. Was mir da eröffnet wird, ist ja weltbewegend!

Ja, so ist es! sagt mein Begleiter.

Schon wieder dieses „ja so ist es“ sage ich, das geht mir langsam ganz schön auf den Nerv.

Mein Begleiter lächelt und meint: *Ich kann dich gut verstehen. Umdenken, Neues akzeptieren ist verbunden mit Verwirrung. Doch bitte ich dich zu bedenken, dass ich dir sage,* ***wo das Glück weilt, damit du nicht mehr anderswo suchst.***

Das Glück weilt in dir!

Solange du aber außerhalb suchst, wirst du das Glück nicht finden!
Ich habe mich mit dir hier verbunden, damit du einen Weg der Hoffnung und Befreiung erfährst, damit dein endloser Kreislauf der Verzweiflung ein Ende findet.

Du wirst jetzt denken, dass ich immer wieder mit den gleichen Fragen komme, jedoch erscheint mir sehr wichtig, dich richtig zu verstehen.
Willst du damit sagen, dass ich, wenn ich mich verletzt oder angegriffen fühle, oder das Gefühl habe ausgenützt zu werden, oder mich nicht verstanden fühle, oder denke, dass die anderen mein Glück verhindern, oder dass mich niemand liebt, dass dies alles meiner eigenen Idee entspringt? Dass diese Erfahrungen mir nicht das Recht geben unglücklich zu sein oder mich zu verteidigen? Willst du mir wirklich weismachen, dass alles von meiner Einstellung

abhängt und mit den anderen nichts zu tun hat? Also bitte, das wirst du mir doch nicht ernstlich erzählen wollen. Und bitte sag jetzt nicht „so ist es“. Denn dann verstehst du mich wirklich nicht.

„So ist es“ höre ich wieder. *Du fühlst dich stets als Opfer auserkoren, glaubst, du musst dich verteidigen, sonst bist du verloren, glaubst, dass Angriff die beste Verteidigung sei, siehst in jedem einen bis an die Zähne bewaffneten Feind, gegen den du dich schützen musst, und tust dies mit Wort und Tat. Wenn du dich als Opfer fühlst, und ich sage noch einmal „fühlst“, dann ist es deine Entscheidung. Du hast dich entschieden, das heißt, du denkst, du seist ein Opfer der anderen. Du kommst dir arm und unterdrückt vor und Selbstmitleid ist deine letzte Rettung. Höre was ich dir dazu zu sagen habe und überlege:*

Überlege einmal Kind Gottes, überlege intensiv,
weshalb bei dir so manches läuft schief,
warum du Rückschlag, Feinde, Schwierigkeiten erlebst,
und stets nach Lösungen im Außen strebst.

Wozu du dich in Angst und Sorgen, ja Kummer verirrst
und jede Übersicht verlierst.
Sag bitte nicht, dies sei von irgendjemand gegeben,
wenn Unglück sich zeigt in deinem Leben.

GOTT, der Schöpfer ist nicht daran interessiert,
dich leiden zu sehen und völlig verwirrt.
Schau dir doch einmal ganz ehrlich zu,
nehme dir dazu nur einmal die Ruh.

Kontrolliere einfach dein Gedankengut,
ob es aufbauend ist oder ob fehlt jeder Mut,
sieh dir gut an wie du agierst,
wie schnell du deinen Frieden verlierst.

Wie rasch deine Freude sich in Enttäuschung wandelt,
wenn irgendjemand nicht nach deinem Willen handelt,
wie schnell du einen Schuldigen finden kannst,
wenn die Welt nicht nach deiner Pfeife tanzt.

Die kleinsten Dinge sind Anlass genug,
dich aus der Fassung zu bringen,
schau dich doch an, wie die Dinge im Außen dich zwingen,
ärgerlich, zornig, beleidigt, gekränkt, ja rachedurstig zu sein,
schuldig zu sehen die Anderen und nur die allein.

Verwegen hegst du dann auch noch den Wunsch,
dass GOTT sich, als dein Rächer, zur Strafe aufschwingt,
und alle die bösen Übeltäter in die Knie zwingt.

Mensch, der du ein Kind GOTTES bist,
erkenne, niemand hat dir dein Leben vermiest,

weder GOTT, noch irgend ein anderes Wesen,
ist hier der Übeltäter gewesen.

Vielleicht interessiert GOTT dein Tun nicht einmal,
und deine Dummheiten sind ihm völlig egal,
denn ER weiß nur, dir ist die Freiheit gegeben,
in Frieden und Freude oder in Hass und Krieg zu leben.

Völlig gelassen läßt ER dich wieder und wieder wählen,
deine Macht zu erkennen oder sie zu verfehlen.
Diese deine Macht ist, ob du es wahrhaben willst oder nicht,
in deinen Gedanken, deiner Wahrnehmung, deiner Sicht.

Jeder Augenblick gibt dir die Chance zu erkennen,
du brauchst nicht gegen Wände zu rennen,
du brauchst dich nur deiner Gedankenkraft zu besinnen,
erkennen, dass alles im Außen, kommt von deinem Innen.

Nun frage ich dich, könnte dies vielleicht der Sinn deines Lebens sein?

Das wahre Geheimnis deiner Kraft liegt darin, deinen Geist zu benützen!
Herr zu sein über dein Gedankengut bringt den Gewinn,
bringt dir Ruhe, Frieden, Freude und Harmonie
und dieses ist GOTTES WILLE, vergiss es nie!

Wer in Selbstmitleid erstickt
und andere nur mit Schimpf erquickt,
wer mit Kritik so wenig spart
und sich in seine Sicht vernarrt,
dem wird, und dies ist kosmisches Gesetz,
immer enger in seinem Netz.

Durch sein sich selbst im Leid bedauern,
durch Schuld verteilen ohne Rast,
macht er sich selbst zu einem Opfer
und bleibt so stecken im Morast.

Selbstmitleid ist eine Qual
und klagst du an auch tausendmal,
die anderen für dein Geschick,
bist du es, der tausendmal verhindert das Glück.

Keiner kann dich glücklich machen
und gebe er sein Letztes hin,
wenn du entschlossen bist anzuklagen,
dein Selbstmitleid durch die Welt zu tragen.
Deine Gedanken sind die göttliche Kraft,
die Ursachen setzen,
aus denen die Wirkungen werden geschafft.
Drum gehe achtsam damit um, prüfe ob sie etwas taugen,
Denn: „Dir geschehe nach deinem Glauben“.
So steht es seit langer Zeit geschrieben,

daran hat sich nichts geändert,
ist bis heute Wahrheit geblieben.

Mein Begleiter schließt seine lange Rede wieder mit dem mir schon bekannten Ausspruch:

„Und so ist es".

Dieses Mal stört mich nichts daran, nein, ich bin so ergriffen, ja so berührt von seinen Worten, dass ich keinen anderen Gedanken als Dankbarkeit in mir fühle.

Tränen fließen über meine Wangen,
mein Herz erbebt in dem Verlangen,
aus all dem, was ich sah und hörte,
was mich ergriff und, was mich störte,
Erkenntnis in der Form zu ziehen,
das Leben zu leben und nicht zu fliehen,
in Angst und Kummer, Sorge und Groll,
in Angriff und Verteidigung,
in Entscheidung wer Opfer, wer Täter sein soll.
Dankbarkeit erfüllte meine Sinne,
ich fühlte in mir der Liebe Kraft,
still wurde ich, still, ganz stille,
um zu spüren, was diese Botschaft will und schafft.

„Und so ist es" wiederhole ich und mit einem Schlag ist mir klar, alles hängt von meiner eigenen Einstellung ab, alles, was ich nicht für wahr oder richtig halte, kann in meiner Welt nicht erwachen. Mir wird auch klar, wie sinnlos jeder Streit, jeder Ärger und jede Mißgunst ist. Wie sehr damit das eigene Leben und das der anderen erschwert wird, wieviel Leid und Kummer man sich selbst und damit der Umwelt zufügt. Wie schnell auch die Bereitschaft vorhanden ist, einen anderen in die Schuld zu stellen und selbst seine Hände in Unschuld zu waschen. Wie gerne Erwartungen an andere gestellt werden, um dann enttäuscht und unglücklich zu sein, wenn diese nicht erfüllt wurden.
Mit leiser Stimme und einem leichten Würgen im Hals ob meiner Erfahrung die ich gerade erlebte, frage ich meinen Begleiter:
Könnte der Sinn des Lebens sein zu erkennen, dass in uns die Kraft und Macht vorhanden ist, die eigenen Wahrnehmungen zu verändern, sich des Unsinns der eigenen Handlungen bewusst zu werden, zu erkennen, dass Liebe der Schlüssel zur Lösung aller Probleme ist?
Kann dies kurz gesagt heißen, dass:

Alles was ich haben will, muss ich selbst erst geben,
denn alles kommt von mir und wird auch wieder zu mir streben?
Alles was ich gebe, ist durch die Gabe mein,

mein Geben schließt mich automatisch auch ins Empfangen ein?

Ja, sagte er *„so ist es"* !

Ich fühle seine Zuneigung, ja seine Anerkennung, ich fühle seine Freude und seine Zustimmung.

Dazu möchte ich dir ergänzend noch etwas sagen, höre:

Gibst du Groll, wirst Groll du haben,
gibst du Liebe, erfährst du der Liebe Gaben,
gibst du Zwist, wird Zwist dein Herz erfüllen,
gibst du Güte, wird Güte dich umhüllen,
gibst du Freude, wird Freude dich erquicken,
du hast die Freiheit der Wahl.
Du bist der Entscheider wie dein Leben ist,
voll Liebe, Güte, Frieden oder voll Ärger, Groll und Zwist.
Wähle, entscheide bedächtig in jedem Fall!
Kannst du dir vorstellen, was alles passiert,
wenn sich dein Gedanke in Groll verliert?
Dass jeder Gedanke, und sei er noch so leise,
sich manifestiert in einer Weise,
die dir zu begreifen noch nicht gegeben
und trotzdem verbunden bleibt mit deinem Leben?

Ich sehe meinen Begleiter an, sehe sein Lächeln und mir wird klar, dass alle seine Aussagen nur Hilfe sein sollen, mich selbst zu prüfen und mich selbst zu erkennen und, dass er mir dazu das Werkzeug in die Hände gibt. In meinem Herzen steigt große Dankbarkeit auf und nun nehme ich seine Hand und drücke sie. Ich weiß, er versteht mich.

Ja, so ist es, höre ich ihn sagen, *ja, so ist es!*

Ich erhebe mich von meiner äußerst bequemen Sitzgelegenheit. Rund um meine Füße hatten sich Tiere gemütlich niedergelassen. Da liegt der schwarze Panther, daneben stehen ein paar Giraffen und pflücken sich die saftigen Blätter von den Bäumen, mein Elefant steht auch noch da, so als würde er nur darauf warten sich wieder als Träger anzubieten. Wunderschöne Schmetterlinge umschwirren uns, das Äffchen sitzt auf der Rückenlehne der Schaukel und ist in einen leichten Dämmerschlaf gefallen. Eine große Harmonie umgibt den ganzen Platz. Ich habe keine Ahnung wieviel Zeit vergangen ist, habe jedes Zeitgefühl verloren. Doch die Sonne steht noch immer hoch am Himmel und breitet ihre milde Wärme aus.
Darf ich dieses wunderschöne Kleid anbehalten oder soll ich es hier zurücklassen und meine Kleider wieder anziehen? frage ich meinen Begleiter.

Du willst aufbrechen?

So etwas fragt mich mein Gedankenleser? sage ich heiter! Ja, ich will aufbrechen und noch mehr von der schönen, interessanten, fremden Stadt sehen. Ist es auch dir angenehm oder willst du noch bleiben? Deine Ausführungen waren für mich von allergrößtem Wert, doch ich denke, wir können uns auch im Gehen unterhalten.

Ja, meint er, gerne. Übrigens das Kleid darfst du anbehalten, wenn dir dies Freude bereitet.

Danke! sage ich. Es trägt sich wunderbar und ich fühle mich sehr wohl darin.
Die Tiere begleiten uns durch den Park, bis wir wieder in eine Strasse einschwenken. Hier eilen sie zurück, und sind nicht mehr gesehen.

Hast du eine Frage an mich? Oder kommst du mit allem was ich dir erzähle zurecht?

Nun ich komme sicher noch nicht ganz mit allem zurecht, denke jedoch, dass mir auch das Verständnis dafür geschenkt wird, wenn ich mich damit länger auseinandersetze. Was mir jetzt schon klar wird ist, dass Ärger wahnsinnig, Angriff verrückt und Rache nichts als törichte Ego-Phantasie ist. Sonnenklar wird mir mittlerweile auch, dass Liebe die einzige Möglichkeit ist, ein friedvolles, harmonisches Leben zu führen. Mir ist zwischenzeitlich auch klar

geworden, dass aus der Vergangenheit in die Zukunft zu leben eine Investition in Dinge ist, die nicht mehr sind und sich auch nicht mehr zeigen würden, wären wir nicht bereit, sie immer und immer wieder aufleben zu lassen. Irgendwie habe ich das Gefühl, dass wir Menschen uns selbst den Himmel auf Erden verweigern, weil wir nicht das lieben, was uns umgibt. Weil wir nicht in jedem die göttliche Präsenz sehen und nicht erkennen wollen, dass wir im Geiste eins sind und damit Brüder und Schwestern.
Was mich am meisten bewegt ist, dass meine Gedanken, meine Handlungen, mein Leben lenken und leiten. Ich denke, hier gilt es noch einen großen Umdenkprozess einzuleiten.
Meine Frage an dich ist, warum verhält der Mensch sich so sonderbar? Kannst du mir das beantworten?

Eine gute Frage. Was drängt die Menschen dazu, sich selbst ständig Leid, Kummer und Sorgen zuzufügen, sich selbst krank zu machen, sich selbst zu verletzen?
Es kommt davon, weil sie vergessen haben, dass sie „Kinder Gottes" sind, weil sie vergessen haben, dass, wenn sie einen anderen verletzen, sich selbst Verletzung zufügen. Sei es mit Gedanken, Worten oder Taten. Sie halten sich in negativen Dingen auf, verschwenden ihre ganze Energie darauf, für alles was passiert einen Schuldigen zu finden, sie übernehmen keine Selbstverantwortung und damit erkennen sie auch nicht, dass ihnen Kraft zur Veränderung in jedem Augenblick geschenkt ist.

So zwingt sich der Mensch selber, innerhalb seiner eigenen Schöpfungen zu leben, seinem eigenen ungezügelten, egoistischen Verhalten.
Ich frage dich:

Weißt du, welche Kraft in dir verborgen ruht?
Weißt du, wieviel Energie in dir ist und wieviel Mut?
Weißt du, dass alle Macht in dir verborgen?
Weißt du, dass dich nur hindern deine Sorgen?
Weißt du, dass du dir selbst Energie entziehst,
indem du Hass wählst und der Liebe fliehst,
indem du Zweifel hegst an deiner Gedanken Macht,
und zwingend sich gestaltet, was du erdacht.
Weißt du, dass Gedanken die Quelle nicht verlassen,
immer wieder den Ursprung erfassen,
seien sie gut oder schlecht,
du bist dein eigener Meister oder Knecht.

Mache dir auch stets bewusst:
Dass du dir selbst, ja selbst, die Schranken baust,
wenn du deiner göttlichen Kraft nicht traust,
dass du dir selbst, ja selbst, die Grenzen setzt,
und dich hinter deiner Angst versteckst,
wenn du von der Vergangenheit in die Zukunft lebst,
und damit das Hier und Jetzt enthebst,
seiner Schönheit, seiner Größe, seiner Qualität.

So wirst du nicht gewahr, was der Augenblick schenkt!
Er schenkt dir die Möglichkeit, deine Schöpferkraft zu gebrauchen um Segen zu verbreiten, Liebe und Frieden zu leben und die dir zugedachte Funktion auf Erden, ein Lichtträger zu sein, zu erfüllen. Denn das Licht ist in dir, lasse es leuchten!

Hierzu möchte ich dir noch etwas sagen:

Rache ist kein Teil der Liebe, Rache ist die Illusion, dass irgend etwas, wenn es gerächt erscheint, erledigt wäre, dass die Rache notwendig sei, um Unrecht zu sühnen. Damit werden die Rächer wieder nur zu Tätern und die Opfer wieder zu Rächern in der Zukunft.

Ohne Unterlass ist das Spiel der Grausamkeit, des Hasses, des Schmerzes, ein Spiel in dem „Liebe keine Rolle spielt". Ich sage dir, Rache und Vergeltung sind Verbrechen, sind getarnte, hinterlistige, ja absolut verrückte Angriffe. In deiner Welt hört man das Wort „Wiedergutmachung". „Wiedergutmachung" gibt es das? Oder ist die Wiedergutmachungsforderung die Legitimation für den nächsten Krieg, für die Vernichtung eines „Feindes"? Ist Wiedergutmachung das Auflebenlassen eines Hasses früherer Generationen, das Aufwärmen von Schuld, als Beweis dafür, dass ein neuerlicher Kampf gerecht, neuerliches Leid nur der „gerechte Ausgleich" ist?

Die Erde könnte der Himmel sein,
überlege einmal wie einfach das wäre:
Du wünscht einem jeden, was du selbst begehrst,
Liebe, Friede, Wohlergehen,
du forderst nichts, was du anderen verwehrst,
Paradies könnte so entstehen.

Es gäbe keine Grenzen, kein ich und der andre,
es gäbe nur „uns", die „wir" Einheit sind,
es gäbe keinen Neid, keinen Hass, nur die Liebe,
beendet wäre das Kriegsgetriebe,
alle wären, wie wunderbar,
im Himmel auf Erden, das ist doch klar.

Ganz eindringlich wird die Stimme meines Begleiters und seine Worte berühren mich tief, als er sagt:
„Liebe", und nur sie, ist die Grundlage der Harmonie, des Friedens und der Freude. Dies, und nur dies, ist die richtige Verwendung aller Lebenskraft. Nur genug Liebe kann die Menschen retten. Liebe heißt andere verstehen, Liebe heißt, sich der jedem innewohnenden Gottes-Kraft bewusst zu werden und damit wieder in Verbindung zu treten mit GOTT, der Liebe ist.

Liebe zerstört Hass, Gier, Selbstsucht und Eigennutz und damit alle egoistischen Eigenheiten. Egozentrische oder egoistische Eigenschaften sehen nur das eigene kleine „ich", das geschützt und verteidigt werden muss, weil es vermeintlich ständig, natür-

lich völlig unschuldig, verletzt und angegriffen wird. Das kleine „ich" oder Ego meint etwas Besonderes, von allen getrennt zu sein, verleugnet den Zustand der Einheit des Geistes und erkennt so auch nicht, dass jeder Angriff auf den anderen ein Angriff auf sich selbst ist.

Was ich dir damit sagen will ist, wenn du dich in dieses kleine „ich" oder Ego verstrickt hast, wirst du eine ständige Haltung des Urteils und Angriffs aufrecht erhalten, du wirst im Zustand der Trennung von GOTT, der dann ja weit weg und nicht in dir und in jedem ist, verharren, und deine individuelle Existenz, getrennt von anderen Individuen leben.

Ich bin von deinen Worten so aufgewühlt, dass mir die Worte fehlen, sage ich zu meinem Begleiter. Wir bleiben kurz stehen und er berührt wieder meine Schulter mit sanftem Druck.

Ein Gefühl von Leichtigkeit durchströmt mich. Ich hebe meinen Kopf, atme tief durch, lege meine Hände gekreuzt auf mein Herz und mich durchrieselt eine Wärme, eine glühende Freude.

Ich bin für dich da, so flüstert eine Stimme in mir,
ich bin für dich da und ich bin bei dir.
Ich bin, das kannst du mir wirklich glauben,
durch nichts und durch niemanden dir zu rauben.

In dir, in deinem Herzen, ist meine Bleibe!

Weiter spricht die Stimme ganz leise,
ich bin für dich da auf deiner Reise,
ohne Unterlass, selbst im Schlaf bin ich bei dir,
verlass dich auf mich, vertraue mir.
In dir, in deinem Herzen, ist meine Bleibe!

Ganz sanft höre ich weiter die Stimme sagen,
unter meiner Anleitung darfst du alles wagen,
durch meine Kraft wird jedes Herz bewegt,
denn ich bin die **Liebe Gottes**, die dich trägt.
Und mitten in dir, da ist meine Bleibe!

Wieder höre ich Musik, sanft und zart und unendlich berührend. Mein Gott, diese Stimme in mir, sie war so liebevoll, so tröstlich aber auch Kraft spendend. Ich sehe meinen Begleiter an, hat er sie auch vernommen, hat er gehört was ich gehört habe?

Er nickt nur mit dem Kopf und wir gehen stillschweigend weiter.

Unser Spaziergang führt uns durch Gässchen und Straßen, über Plätze, vorbei an wunderschönen Gebäuden und immer mehr bekomme ich den Eindruck, dass die Häuser größtenteils aus einem Material bestehen, das ich nicht kenne. Dieses Material ist kein Glas, auch keine Bausteine, wie sie mir bekannt sind und trotzdem wurden daraus die schönsten Gebilde mit großen Kuppeln konstruiert und mir kommt in den Sinn, dass die Kuppeln alle mit Gold gedeckt sein könnten.

All das aber erscheint mir gar nicht mehr so wichtig, alles ist nebensächlich im Verhältnis zu dem, was ich bisher hörte und erfahren durfte. Wir gehen schon eine geraume Weile und mein Begleiter spricht kein Wort. Hat er aufgehört mit mir zu sprechen? denke ich.

Nein, nein meine Freundin, keine Angst, unser Weg ist noch nicht zu Ende und ich habe auch nicht im Sinn nichts mehr zu sagen. Ich überlasse dich deinen eigenen Betrachtungen und hoffe vor allem, dass du die große GOTT-GEGENWART in deinem Inneren als führende und vollbringende Kraft fühlst und anerkennst. Dass du dir deiner Kraft bewusst wirst, bewusst, wer du bist! War es nicht auch schon die Lehre Jesu, mit der er der Menschheit verkündete, dass jeder ein Kind Gottes ist?
Ja, das stimmt, pflichte ich ihm bei, jedoch da gab es sehr viele andere Aussagen. Trotzdem, ich habe oft über seine Lehre nachgedacht. Darf ich dir erzählen, wie es mir als Kind erging?

Nun, ich bin ganz Ohr, sagt mein Begleiter.

Solange ich lebe wurde mir gesagt,
ich sei schon mit einer Sünde geboren,
und diese meine Sünde ist schuld,
dass wir das Paradies verloren.

Als Kind hat mich dies sehr verzweifelt gemacht,
denn, so sehr ich da auch nachgedacht,
ich konnte mich nicht erinnern daran,
wann ich diese Sünde hätte getan.

So sehr hat mich diese Sache bewegt,
ja unglücklich gemacht,
dass meine Mutter meinte: Das wäre doch gelacht,
sie erkannte, woher diese Aussage stammt.
woher mir gesagt wurde, ich sei verdammt.

Sie entschloss daher, der Religionsunterricht
wird gestrichen, dem Pfarrer gebe ich kein Recht,
meine Tochter zu verwirren,
denn ihr Glaube an Gott ist noch kindlich echt.
So habe ich zwar gebetet zu Gott,
zu ihm mich geflüchtet in mancher Not,
doch eines ist mir erspart geblieben,
ich wurde nie mehr in die Angst getrieben.

Niemand hat mir von Strafe Gottes gesprochen,
so blieb meine Liebe zu ihm ungebrochen,

nie brauchte ich zweifeln oder betteln oder flehen,
sah ihn nur beschützend auf mich sehen,
brauchte nie zu glauben, dass Gott uns bestraft,
oder unser Unglück schafft.

Irgendwann fing ich über Jesus zu lesen an,
der sich da nannte Jesus Christ,
und der für uns gestorben ist.

Der in Jerusalem ans Kreuz genagelt, starb,
weil er uns eine Lehre gab,
die mit der der Pharisäer nicht im Einklang stand,
musste er sterben durch der Pharisäer Hand.
Der Jesus, der uns die Lehre der Liebe gebracht,
wurde mit einem Streich mundtot gemacht,
nicht länger durfte er uns die frohe Botschaft verkünden,
dass wir Kinder Gottes sind und ohne Sünden,
dass wir geliebt sind ohne Unterlass,
niemals verfolgt von des VATERS Rachsucht und Hass.

Oh ja, er war es der uns vom Leben ohne Tod erzählte,
der Wunder vollbrachte und Worte der Lehre wählte,
die uns berichteten wie wichtig es ist,
uns als Kinder Gottes zu sehen, als Christ,
verbrüdert im Geist und in Einheit mit Gott.

Er hat, mit dem Heiligen Geist, die Erkenntnis gehabt,

er ist, als Kind Gottes zu vielem begabt,
und seine Lehre machte uns Mut,
uns bewusst zu werden – und sie war gut.

Er hat uns von Glaube, Vertrauen,
Liebe und Frieden gesprochen
und diese Worte bleiben ungebrochen.
Irgendwann wird die Menschheit erkennen die Lehr,
die Dinge, die er vollbrachte zu bewirken, und noch mehr.

Irgendwann werden wir erwachen
und seine wahre Lehre leben,
wir werden die Waffen aus den Händen geben,
keinen Kampf mehr kämpfen
gegen Brüder und Schwestern,
vergessen wird sein der Hass von gestern,
in Eintracht und Friede wird die Welt sich neu erheben,
seine Lehre wird uns die Kraft und den Mut dazu geben.

Ganz aufgeregt bin ich nach diesem meinem Wortschwall. Mein Begleiter sieht mich an, nichts bewegt seine Miene, ohne jede Erregung geht er weiter und ganz ruhig sagt er:

Und so ist es! Vergiss bei deiner äußeren Tätigkeit in deinem Leben nie: Du bist Geist, du bist Leben und du bist „Gottes Kind in Tätigkeit". Wisse, jeder Mensch trägt die große göttliche Macht in sich, sich zum Höchsten zu erheben, oder sich ins

Niedrigste zu stürzen, er ist der Entscheider, deshalb: „Berühre die Welt mit deiner Liebe".

Lass Liebe nicht im Hader sterben,
schenk der Liebe Stärke und Kraft,
denn ohne Liebe ist das Leben dürr
wie ein Ast ganz ohne Saft.

Lass Liebe nicht im Abseits stehen,
als wär's ein Ding, ganz ohne Sinn,
nimm sie mit Freude in dein Leben,
dann schenkt jede Minute dir echten Gewinn.

Lass Liebe nicht im Groll ersticken,
tu dir dies Leid nicht selber an,
denn ohne Liebe ist dein Herz
ein Stein, auf dem nichts wachsen kann.

Berühre die Welt mit deiner Liebe
verschenke sie ohne Unterlass,
verwöhne die Welt mit deiner Liebe,
verströme Liebe ohne Maß.

Ein Gefühl des Friedens, der Liebe und Heiterkeit durchdringt mich, ich habe das Bedürfnis zu springen oder zu laufen, ich spüre unbändige Energie in mir und eine noch nie erlebte Freude. Wir lachen beide ganz ausgelassen und er singt ganz laut:

Lass dein Herz ein bisschen hüpfen,
sei nie mehr traurig oder bedrückt,
lache, singe, tanze, springe,
Freude ist's, was dich beglückt.

Wie kleine Kinder reichen wir uns die Hände und hüpfen und springen und singen den kleinen Refrain. Gott, tut dies gut. Diese Ausgelassenheit und diese Freude zu spüren und sie auch auszudrücken. Wir halten nach einiger Zeit inne und sehen uns in die Augen, seine strahlen und ich wünsche mir, dass in meinen Augen ebenfalls dieses Strahlen, diese Freude, die Verbundenheit, ja Liebe zu sehen ist.

Prompt sagt mein Begleiter: *Wenn ich in deine Augen schaue, dann sehe ich sehr viel und mir fällt dazu folgendes ein:*

Nicht eines Wortes bedarf es um den anderen zu sagen,
dass du sie liebst, dass du ihnen wohlgesinnt,
Gedanken haben Kraft zu tragen,
nicht reden, sondern tun gewinnt.

Und seien deiner Worte viele
und deine Tat ein schlummernd Ding,

dann ist die Liebe nicht gegeben,
weil sie sich in den Worten fing.

Hier hängt sie fest, die Liebe,
gefangen nur im Wort
und sehnt sich nach Erfüllung,
nach einem Wirkungsort.

Drum lass die Worte ruhen, gib Leben deiner Tat,
Gedanken voll der Liebe sind Segen und gepaart,
mit Friede und Vergebung, mit Dankbarkeit und Freude,
in diesem Tun brauchst du kein Wort,
nur in den Taten dich vergeude!

Und wieder sehen wir uns an, ich habe ihn verstanden, ja ich habe ihn gut verstanden und ich spüre, er hat recht.

Komm, sagt er, *wir haben noch einiges zu besprechen und vor allem will ich dir etwas zeigen, was dich sicher interessieren wird, was dir auch hilfreich sein wird für deine Zukunft.*

Oh, du machst mich neugierig, ich will noch sehr viel erleben und sehen.

Gut! sagt mein Begleiter. *Sieh mal, hier ist eine Parkbank, wollen wir uns einen kurzen Moment setzen? Ich will dir ein Experiment vorführen.*

Experiment klingt gut, sage ich im niedersetzen, was willst du mir zeigen oder sagen?
Wieder spüre ich, die Parkbank ist weich, gibt wie ein Federbett unter meinem Gewicht nach obwohl sie wie eine aus Silber oder sonst einem Metall gefertigte Bank aussieht. Sonderbar, hier ist alles anders und alles so vollkommen, so unbeschreiblich bequem und wunderschön.

Ja, so ist es, höre ich meinen Begleiter wieder.

Jetzt kann mich dieser Satz nicht mehr irritieren, nein, ich beginne ihn geradezu zu lieben. Weil es ja wirklich so ist. Ein Blick zueinander, ein Lächeln genügt und wir sind uns einig.

Also, sagt er, *bitte schließe deine Augen. Öffne sie aber erst wieder, wenn ich dich auffordere. Ich werde dir nun eine ganz banale Geschichte aus deiner Welt zeigen und du spielst dabei auch eine Rolle. Also lasse dich überraschen! Halte die Augen aber geschlossen, damit du dich mit deinem ganzen Fühlen einbringen kannst.*

Wie du befiehlst, sage ich heiter, ich folge deinen Anweisungen. Meine Augen sind geschlossen.

Was siehst du? Berichte, fordert er mich auf, *aber lasse die Augen geschlossen.*

Ja sage ich, ich sehe:

Da sitzen zwei auf einer Bank im Park und sinnieren vor sich hin!
Des Mannes Haupt ist leicht ergraut
und hat an Haarpracht abgebaut,
sehr schütter würde ein Fachmann sagen,
den Ausdruck Glatze noch nicht wagen.
Sonst aber stattlich anzusehen,
will ins Detail jedoch nicht gehen.

Die Frau, von schlechten Eltern war sie nicht,
mit etwas Farbe im Gesicht,
geschmackvoll ist ihr Kleidungsstil,
ein bisschen Schmuck, doch nicht zu viel,
die Haare prachtvoll onduliert,
zu einem Kunstwerk auffrisiert.
Es ist den beiden anzusehen,
zur Arbeit müssen sie nicht gehen!

Jetzt sehe ich mich selbst in dem Bild erscheinen, sage ich ganz aufgeregt. Sonderbar und äußerst witzig, sich selbst in einer Art Film zu sehen.
Ich berichte weiter:

Ich schlendere an den beiden vorbei
und plötzlich spüre ich, mach dich frei,

frei von deinen Pflichten, setze dich dazu,
gönne dir ein halbes Stündchen Ruh!
Gedacht, getan,
ich drehe um und frage höflich an,
ob ich hier Platz nehmen dürfte.
Die Frau sie nickte, der Mann sieht mich an,
als hätt' ich ihm etwas angetan.

Die Geschichte geht weiter und ich sehe:

Ich nehme Platz, stelle meine Taschen ab,
bedanke mich kurz und schweige wie ein Grab.

Minuten verstreichen und ich denke bei mir,
die beiden haben keine Freude mit dir,
denen hat es wohl die Sprache verschlagen,
weil sie zueinander so gar nichts sagen.
Ich frage nach innen,
„Soll ich ein Gespräch beginnen?"
Nein, nein, du sei stille und schweige,
weil ich dir nun ein Schauspiel zeige.
So höre ich es in mir sprechen,
diese Forderung will ich nicht brechen.

Jetzt fragt die Frau den Mann nach der Zeit,
er hält ihr die Uhr hin, ist etwas zu sagen nicht bereit.

Ach meint sie, mit der Uhr fang ich nichts an,
weil ich die Zahlen doch nicht sehen kann.

Was brauchst du denn die Zahlen zu sehen,
du siehst doch wie die Zeiger stehen.
Er hält ihr wieder die Uhr vors Gesicht,
sie sagt „Danke", dann eben nicht!
Ganz ergeben nimmt sie die Tatsache hin,
ihr die Zeit zu sagen kommt ihm nicht in den Sinn.

Sie sagt: Wir sitzen da und starren Löcher in die Luft.
Na und? meint er, genieße doch den Duft,
du würdest sicher lieber im Kaffeehaus sitzen,
ich aber fang dort an zu schwitzen,
kann die Luft im Café einfach nicht ertragen,
drum brauchst du mich erst gar nicht zu fragen,
ob ich mit dir Kaffee trinken geh,
außerdem tun mir die Füße weh.
Ich, sagt sie, habe mit keinem Wort etwas
vom Kaffeehaus gesagt,
das hätte ich sowieso nicht gewagt,
ich weiß doch, kommt die Idee nicht von dir,
sondern ausnahmsweise von mir,
dann bin ich chancenlos, ein Café von innen zu sehen,
mir zuliebe würdest du da nicht hingehen.

Willst du Streit, meint er, mit deinem Gerede,

von wegen, nur wenn ich etwas will!
Sie sieht ihn an, schüttelt den Kopf und ist wieder still.

Ein paar junge Leute gehen vorbei,
lachen und blödeln mit ein bisschen Geschrei,
nehmen von uns überhaupt keine Notiz,
da ertönt seine Stimme, laut und spitz.
Die haben wohl nichts wie Blödsinn im Kopf,
sieh sie dir doch an, der eine trägt sogar einen Zopf,
die stehlen dem Herrgott nur den Tag,
und sind für die Menschen eine Plag.

Hör mal sagt sie, die haben dir doch nichts getan,
was fängst du denn zu schimpfen an?
Na weil's wahr ist, meint er, die sollen arbeiten geh'n,
dann würd' ihnen schon das Blödeln vergeh'n.
Ach sagt sie, ich wäre gerne noch so jung,
voller Lebenslust und voller Schwung,
es ist schön zu lachen und zu scherzen.
Ja, ja, du, meint er, mit deinem Herzen,
du bist doch die, die immer etwas hat,
die ständig müde ist und matt,
du bist doch die, der ständig etwas fehlt,
die mich mit ihren Wehwehchen quält.

Sie sieht ihn wieder mit einem Kopfschütteln an,
und sagt, was bist du bloß für ein Mann.

Wieder tritt eine Pause ein,
keiner sagt ein Wörtelein.

Was meinst du, sagt er nach geraumer Zeit,
wollen wir nicht nach Hause gehen,
ich würde gerne das Ländermatch sehen,
im Fernsehen wird Österreich gegen Holland übertragen,
ihre Antwort kommt schnell, ohne zu zagen.

Ja, ja, das Fernsehen, wenn das nicht wär',
wäre wohl dein Leben leer.
Jetzt am hellichten Tag willst du dich ins Zimmer setzen,
und zusehen wie die Blöden sich hetzen,
fällt dir denn nichts Besseres ein,
das kann doch nicht ernstlich dein Wille sein.

Er: Hast du denn was Besseres vorzuschlagen?
Aber ganz typisch, ich brauche nur was zu sagen,
schon bist du mit Vorwürfen zu Hand,
und tust, als hätt' ich keinen Verstand,
nur weil ich hin und wieder beim Fernseher sitze.

Hin und wieder, meint sie, ha, dass ich nicht lache,
derweil ich den ganzen Haushalt mache,
sitzt du vor der Glotze und trinkst dein Bier!

Komm hör doch auf, jetzt reicht es mir,

sagt er und erhebt sich, will wohl gehen,
sie bleibt sitzen, er bleibt stehen,
so verstreicht kurze Zeit,
dann ist auch sie bereit,
erhebt sich und meint mit einem Blick zu mir,
es ist wohl besser ich gehe mit dir,
streift sich das Kleid zurecht, nimmt ihre Tasche
und murmelt: „Immer die gleiche Masche!"

Ich sehe sie wohl etwas fragend an,
weil ich sie nicht verstehen kann.
Er zog mit einem „Guten Tag" davon,
sie schüttelt den Kopf und sagt in gepreßtem Ton,
es ist mir peinlich, aber so ist er eben,
ich kann es nicht ändern, muss damit leben.

Jetzt, sagt mein Gefühl, mache auf deinen Mund,
den du verschlossen hieltest eine halbe Stund,
und ich frage: Wäre er böse, würden Sie noch bleiben?

Oh, sagt sie, so weit darf ich es nicht treiben,
der Hausfriede wäre dann sicher dahin,
das zu riskieren hat keinen Sinn.

Damit eilt sie mit „Auf Wiedersehen" ihm hinterher,
ich sitze alleine und mir fällt es schwer,
zu glauben, dass das, was ich hörte und sah,

mit Friede im Herzen und mit Liebe geschah.

Nun ja, meint mein Inneres, ich sagte dir doch,
sitze und schweige,
weil ich dir hier ein Schauspiel zeige.
Dies alles und noch vieles mehr,
verhindert die Freude, macht das Leben schwer,
verhindert Harmonie, verhindert Liebe und Glück,
denn Missmut und Hader
wirft Missmut und Hader zurück,
Vorwurf bleibt niemals Vorwurf allein,
er zieht stets einen Rückschlag herein
und so gibt es Wurf und Schlag mit Worten,
ein hin und her an allen Orten,
ob im Park, im Café, im eigenen Haus,
überall breitet sich Lieblosigkeit aus.

Das Schlimmste daran ist wohl die Idee,
dass alles nur vom anderen ausgeh,
dass der andere sich zu ändern hätte,
damit es vorbei ist mit dem Gefrette,
die Welt, so meint jeder, wäre wieder im Lot, wunderschön,
könnte der andere seine Fehler einsehn.

Ich bedanke mich für diesen Unterricht, für dieses Spiel,
still und leise setze ich mir das Ziel:

Ein bisschen mehr Liebe und weniger ich,
ein bisschen mehr Liebe und das Gute für dich,
ein bisschen mehr Liebe in den kleinen Dingen,
Achtsamkeit, Behutsamkeit, Geduld mögen mir gelingen,
ich bitte die schaffende Kraft Gottes in mir,
lass fließen die göttliche Energie, öffne meine Herzenstür,
die Kraft der Liebe schenke mir im Strudel des Lebens,
damit mein Dasein sinnvoll und nicht vergebens.

Jetzt kannst du deine Augen wieder öffnen, sagt mein Begleiter zu mir. *Ist das nicht eine schönes Beispiel gewesen wie Menschen, die zwar zusammenleben, sich das Leben schwer machen? Ich frage dich: Glaubst du, dass die beiden noch Liebe vereint oder ist es nur mehr die Gewohnheit, die Bequemlichkeit?*
Siehst du in einem solchen Verhalten Verständnis, Achtung, Entgegenkommen oder gar Respekt? Sieht es nicht eher so aus, als würden sich beide gegenseitig so richtig auf die Nerven gehen? Haben sie noch Gemeinsamkeit oder nur mehr Gemeinheit, die sie leben?

Ich sehe meinen Begleiter an und meine Frage ist: Was führt dazu, dass Menschen sich so verhalten? Ich denke die beiden sind ja kein Ausnahmefall. Es ist ja in vielen Beziehungen so.

Eine gute Frage, sagt mein Begleiter. *Was führt tatsächlich dazu, dass Menschen sich so verhalten? Könnte es sein, dass sich jeder als Opfer des anderen sieht? Könnte es sein, dass in jeder Beziehung der unbewusste Glaube herrscht, dass der andere der Verursacher von misslichen Umständen ist? Dass jeder nur das Opfer des anderen ist und leidet, weil er meint, dass der andere sich nicht richtig verhält, der andere nicht imstande ist zu erkennen, was „ich" brauche, um zufrieden und glücklich zu sein? Weil die Menschen sich völlig geistlos, machtlos, hilflos hinstellen, nur reagieren auf das, was andere tun? Den anderen nur verwenden, um den eigenen Zorn und Ärger auszuagieren? Den anderen „missbrauchen", um Opfer sein zu können, das heißt, den anderen in die Schuld stellen, ihn zum Täter machen, um selbst „schuldlos leidend" das Leben zu ertragen?*
Höre, was ich dir mit folgenden Worten zu sagen habe, meint mein Begleiter.

Du denkst, wenn du den anderen hasst,
ihn schuldig machst für deine Last,
ihn schuldig machst für deinen Zorn und Ärger,
wird deine Unschuld offenbar,
der andere der Verderber.

Dass der andere es ist, der dich vom Glücke trennt,
er es ist, der wahrlich nicht erkennt,

wie sehr du leidest durch sein Verhalten,
wie elend, traurig und frustrierend
sich deine Tage so gestalten.

Dass Freude fehlt, ja Glück nicht ist,
weil doch der andere ganz vergisst,
wie sehr du angewiesen auf sein Tun
und Schuldverteilen kennt kein Ruhn.

Immer wieder kommt dir in den Sinn,
dass das Verhalten des anderen für dich kein Gewinn,
immer wieder denkst du der andere hat die Macht,
zu verhindern, dass dir das Glück freudig lacht,
der andere, der andere macht dich so schwach,
damit aber hältst du siegreich wach,
du seist das unschuldige Opfer dieser Welt,
und kannst nie tun, was dir gefällt.

Ich sage dir, du bist ein Narr,
weil alles deine Erfindung war,
du bist es, der Verantwortung scheut,
der Schuld abladet auf die anderen Leut,
du willst nicht erkennen, dass du die Quelle bist,
aus der alles Ungemach sich ergießt.

Wenn du begreifst, dass du dir alles selbst angetan,
fängt für dich ein neues Leben an.

Es gibt da niemand der über dein Sein bestimmt,
der dir Freude schenkt oder Freude nimmt,
Du bist es, nur du ganz allein
der bestimmt, drum lass das Schuldverteilen sein.

Dazu gebe ich dir noch ein paar Gedanken, einfach um darüber nachzudenken. Wichtig ist, sich sein eigenes Verhalten und das der anderen von verschiedenen Seiten völlig neutral anzusehen. Anzusehen mit dem Bewusstsein, dass alles, was da Außen passiert, deine eigene Wahrnehmung ist. Wichtig ist zu erkennen, was kann ich verändern, welche alten Gewohnheiten und Muster kann ich ablegen und vor allem, wie kann ich meine Sicht, die Art meiner Wahrnehmung, mein Urteilen verändern. Dazu werde ich dir später noch ein sehr praktisches Werkzeug zur Hand geben.

Also höre:

Alles was die anderen tun, kannst du meisterlich erkennen,
kannst es auch beim Namen nennen.
Ja, da ist etwas gut oder auch schlecht,
jener handelt falsch, der andere recht.

Stets am bewerten, am urteilen, am kritisieren,
weißt du immer, wo andere sich irren.
Oh ja, über andere weißt du Bescheid
und manches Mal tun sie dir auch leid.

Schon längst hast du ihre Irrtümer erkannt,
hast ihre Schwächen und Fehler benannt.
Oh ja, bei den anderen weißt du stets einen Rat,
bist dann noch verärgert, wenn nicht folgt die Tat.
Im Außen da siehst du alle Gebrechen,
alle Irrtümer, alles nimmst du wahr,
du siehst alle Fehler meisterlich und klar,
dass dieses Außen jedoch dein Innen zeigt,
dies anzunehmen bist du nicht geneigt.

Nein, nein, so denkst du, das kann nicht sein,
was da außen passiert ist niemals mein,
du glaubst viel besser, ja klüger zu sein
lernen und ändern müssen sich die anderen,
und nur die allein.

In der Welt geht es manches Mal sonderlich zu, meint mein Begleiter wieder. *Alle wollen glücklich sein, alle wollen Frieden, vor allem den Weltfrieden, und was tun sie dazu?*
Alle wollen paradiesische Zustände, mit einem Wort „den Himmel auf Erden" und meinen, das zu tun ist Sache der anderen, sich selbst zu ändern bringt gar nichts, so ist der Gedankengang von vielen. Dazu auch ein kleines Beispiel:

Ein kleiner Streit

Jeder meint – ein kleiner Streit darf wohl noch sein,
man kann doch nicht immer der Zweite sein!
Ich halte stets Frieden doch der andere nicht,
das sieht man daran, dass er widerspricht.

Meine Meinung läßt er nicht stehen,
da muss man doch in Stellung gehen.
Mir alles gefallen zu lassen, nein, das geht zu weit,
dazu bin ich nie und nimmer bereit.

Von mir kann man alles haben, nur eines nicht,
auf meinen Rechtsanspruch gibt es keinen Verzicht.
Von mir aus kann jeder tun, was er will,
da halt ich mich zurück, bin völlig still,
nur wehe er fängt mich zu kritisieren an,
dann zeige ich ihm, was ich alles kann.

Was vergessen und vergeben war schon ganz,
bekommt jetzt wieder neuen Glanz,
denn Punkt für Punkt wurde jeder Fehler registriert,
damit die Übersicht sich nicht verliert,
damit dann, wenn Angriff gegeben,
man eine starke Waffe kann erheben.
So läuft das Spiel und jeder meint dann noch,
mein kleiner Streit schlägt der Welt kein Loch,
mein kleiner Streit, der muss manchmal sein,
denn Recht bleibt Recht und das Recht ist mein.

Dazu sage ich dir, es gibt keinen kleinen Streit, es gibt keine kleine Aufregung, sie alle stören den Frieden gleichermaßen. Wir haben vorhin schon vom Ego gesprochen, nun dazu nochmals ein paar Gedanken.

Ich sage dir, kein Hindernis vor dem Frieden
läßt sich mit des EGOS Hilfe überwinden,
das EGO gibt seine Geheimnisse nicht kund,
läßt dich nicht erkennen den wahren Grund.
Warum du in Ängsten dein Leben lebst,
und ständig nach Schuld und Rache strebst,
EGO will dir nicht zeigen wie machtlos es wird,
wenn in deinem Tun die Liebe regiert.
EGO sagt dir, Verteidigung sei dein Schutz,
Zurückschlagen stets von größtem Nutz'.
Das EGO will dir nicht Hilfe sein,
verhindert nur zu erkennen, Verantwortung ist dein.

Ich sage dir, meint mein Begleiter wieder zu mir gewandt, *lass dich auf das Abenteuer ein, dein Denken zu verändern. Denn wisse, ob du gut denkst oder schlecht, du hast immer recht. Verlasse den Weg des Selbstmitleids und des Jammerns und fordere dich selbst heraus glücklich zu sein, fordere nicht von anderen dich glücklich zu machen. Das Leben ist das, was du daraus machst, übernimm jeden Augenblick Verantwortung dafür.*

Du willst glücklich sein, sei glücklich,
du willst liebend sein, sei liebend,
du willst fröhlich sein, sei fröhlich,
du willst gesund sein, sei gesund,
du willst erfinderisch sein, sei erfinderisch,
du willst großzügig sein, sei großzügig,
du willst dynamisch sein, sei dynamisch,
du willst reich sein, sei reich,
du willst erfolgreich sein, sei erfolgreich.
Glaube mir, niemand hindert dich daran, alles, was du sein willst, bist du!

Ich bin ganz still geworden und sehr nachdenklich. Möchte im Moment auch gar nichts dafür oder dagegen sagen, denn hier würde sicherlich wieder ein „aber" seinen Einsatz finden.

Ja, sagt mein Begleiter, *so ist es! Komm, lass uns weitergehen, ich will dir noch einen schönen Raum zeigen, wir nennen ihn Tempel der Stille.*

Wir erheben uns von der Bank und schlendern wieder weiter. Wir kommen in einen anderen Stadtteil, er scheint schon eher die Peripherie der Stadt zu sein. Die Häuser sind etwas kleiner geworden, liegen in schönen Gärten, wieder scheint das Material aus Glas zu sein. Alles sieht duftig und luftig aus. Ob es hier auch Winter gibt, mit viel

Schnee, geht es mir durch den Kopf und wie dann wohl das Heizproblem gelöst wird?

Mein Begleiter lacht.

Ja natürlich, er hat ja schon wieder meine Gedanken erfahren, er weiß ja schon wieder, was mich bewegt. Und, frage ich, warum lachst du? Dass solche Gedanken kommen, ist doch ganz normal.

Ja, ja, natürlich meint er, *ist ja auch kein Fehler! Nur, du gehst von dem aus, was du schon kennst. Du kannst dir eine Welt nicht vorstellen, in der kein Mangel ist und in der Gedanken alles regeln. Es ist zwar auch in deiner Welt so, nur du kannst dies noch nicht erkennen. Das Erkennen, die bewusste Lenkung und aufbauende Verwendung der Gottes-Kraft im eigenen Selbst ist der Weg zur Vollkommenheit, Meisterschaft und Beherrschung aller Dinge in deiner Welt. Der erste Schritt ist, Selbstverantwortung zu übernehmen, damit meine ich zu erkennen, dass es nichts in deinem Leben gibt, was nicht von dir erfunden wurde. Du wirst diese meine Aussage verstehen lernen, wenn du beginnst, ganz aufrichtig und ehrlich dir gegenüber zu werden. Wenn du beginnst, dich nicht als Opfer der Welt zu sehen, sondern Verantwortung übernimmst für dein Sein.*
Komm, wir wollen nun zum Tempel der Stille gehen.

Gehen, denke ich mir ist gut, mir kommt vor, als würde ich getragen werden. Schon die ganze Zeit habe ich das Gefühl als würde nicht ich gehen, sondern gegangen werden oder besser gesagt, als würde ich schweben. Kein bisschen Anstrengung ist damit verbunden. Schweben ist der richtige Ausdruck. Ja, ich schwebe durch die Straßen und Gassen.

Wieder lacht mein Begleiter und sagt: *Du hast recht, schön, dass du dir dies bewusst gemacht hast. Sieh, wir sind schon angekommen.*

Wir stehen vor einem Palast. So würde ich einen solchen Prachtbau in meiner Welt nennen, ein Gebäude von auserlesener Schönheit und Harmonie. Ecken sind keine zu sehen, alles ist rund und mit prachtvollen Ornamenten versehen. Auf dem Gebäude sind Kuppeln und ich bemerke, dass sich diese Kuppeln langsam drehen. Ich spüre förmlich, wie sich mein Mund öffnet und mein Kinn in Richtung Boden fällt, so etwas Grandioses habe ich noch nie gesehen und mir raubt der Anblick den Atem. Außerdem habe ich das Gefühl, dass das ganze Gebäude nicht nur außen von der Sonne bestrahlt wird, sondern aus sich heraus, einem Diamanten gleich, funkelt. Ich spüre, wie mein Begleiter seine Hand in meine schiebt und sie liebevoll drückt. Er spricht kein Wort und mir kommt vor, als würde ich nun seine Gedanken lesen können, die mir sagen: Sei still und aufnahmebereit für das Kommende. Ich nicke nur. Mein

ganzes Herz ist erfüllt von unendlicher Dankbarkeit und tiefem Vertrauen.
Ganz automatisch beginnen wir gemeinsam uns in Richtung Eingangsportal zu bewegen. Wieder öffnen sich die Torflügel ohne unser Zutun und wir treten in eine riesige Halle. Ich muss einen Moment meine Augen schließen, denn ein blendendes Licht erfüllt den Raum. Noch immer an seiner Hand fühle ich mich sicher und gehe mit geschlossenen Augen einige Schritte weiter. Ganz vorsichtig öffne ich meine Augen und stehe in einer gigantischen, kreisrunden Halle, getragen von sieben leuchtenden Säulen. In der Mitte der Halle befindet sich ein Springbrunnen von sicher zwanzig Metern Höhe. Das Wasser plätschert von der kleinsten hohen Schale in die größte untere Schale, ein grandioser Anblick, ein Schauspiel ohnegleichen. Die Wände der Halle sind aus weißem, mit leicht rosa und lindgrün durchzogenem Marmor und große, goldene Tore führen in dahinter liegende Räume. An den Wänden erscheinen Sprüche wie ein Film auf einer Leinwand. Ich bin fasziniert und beginne, diese Zeilen zu lesen.

Da ist zu lesen:

Durchschneide das Band der Gedankenqual,
befreie dich von „es war einmal“,
geh deinen Weg mit mutigem Schritt,
vergiss und vergib ist alles, worum ich dich bitt.

Dann lese ich weiter:

**Du kannst alles in Liebe umarmen,
Harmonie und Friede breiten sich so aus,
einem Mantel gleich,
schützend, wärmend, tröstend, sanft und weich.**

**Machtlos und hilflos werden jene werden,
die noch zerstören Leben auf Erden,
die nicht glauben, dass das Gute
immer wird siegen,
dass Gedanken der Liebe, wenn sie überwiegen,
Verbindung schaffen mit
dem Atem Gottes, der alles belebt,
und ins Licht der Neuen Zeit,
in höhere Dimensionen hebt.**

Ganz langsam gehen meine Augen von Bild zu Bild und mein Herz schlägt mir bis zum Hals. Ich lese weiter:

Die alten Lehrbücher, die da berichten von einem strafenden, richtenden, verdammenden Gott, werden geschlossen und so werdet ihr, frei von Angst, erkennen, dass es nur einen liebenden GOTT gibt.

Sieh mal, sage ich in Flüsterton zu meinem Begleiter, lese was hier geschrieben steht, ich bin ganz aufgeregt. Er sieht

mich an und lächelt. Mir geht der Gedanke durch den Kopf, wie schön es doch ist, dieses „dem anderen zulächeln".
Er drückt meine Hand, auch das verstehe ich schon, es ist immer, als würde Kraft in mich fließen.

Nun deutet er auf eine Tafel und meint: *„So ist es!"*

Dort steht geschrieben:

Du verweigerst dir selbst den Himmel auf Erden,
wenn du das nicht liebst, was dich umgibt.
Du verweigerst dir selbst den Himmel auf Erden,
wenn du ohne Frieden und Freude lebst.

Weiter lese ich:

In der Freude musst du leben,
willst du Sinn dem Leben geben,
tief in dir ist sie verborgen,
verschütte sie nicht mit Gram und Sorgen,
bedecke sie nicht mit Hass und Neid,
verliere sie nicht durch Kritik und Streit.

Schenke der Freude in dir Raum,
du findest sie im Außen kaum,

denn ist sie Außen nur gegeben,
lässt sie sich leicht von dannen heben.
Die kleinste Unbill und die Freude ist dahin,
weil sie nicht verankert im Herzen tief drin.
Die innere Freude, die bleibt dir treu,
denn, was im Außen passiert, ist ihr einerlei.

Auf einer anderen Einblendung lese ich:

Urteil und Liebe sind zwei Dinge,
die zu verbinden nicht möglich ist.
Urteil bringt Kummer und Leid,
Liebe ist zu verstehen bereit.
Urteil bringt Verletzung und Schuld,
Liebe ist Friede und Geduld.
Urteil bringt Angst und Hass,
Liebe ist – ohne Unterlass –
die einzige göttliche Kraft,
die Frieden, Freude, Freiheit,
geheilten Geist und Harmonie
im Herzen eines jeden schafft.

Komm, meint mein Begleiter, *wir wollen uns nun einen sogenannten Schulungsraum ansehen, du wirst auch hier noch genügend zu staunen und zu sehen haben.*

Wir gehen auf eines der großen goldenen Tore zu, dieses öffnet sich automatisch und wir treten in einen hellen, lichtdurchfluteten Raum ein. Wieder sind die Außenwände aus Glas und der Eindruck entsteht, als würde der Garten sich im Raum befinden. Leise Musik ist zu hören, vereinzelt stehen große vergoldete Statuen und da steht auch ein riesiges Rad, an dem mein Blick hängen bleibt.

Mein Begleiter meint, *dies ist das „Lebensrad" und wenn du genau hinsiehst, wirst du erkennen, dass es sich ganz langsam dreht. Das soll anzeigen, dass alles in ständiger Bewegung, Veränderung ist. Allem Lebendigen wohnt der Drang zum Lichte inne. Nur wer denkt, dass er aus der Bindung an die Materie Sinn und Sicherheit gewinnen kann, Veränderung nicht zuläßt, wird sich im Rad des Lebens verstricken und den lebensnotwendigen Wandel selbst verhindern. Wer das Rad des Lebens sich nicht drehen läßt und meint, dass er es halten kann, verliert unendlich viel Energie, wird müde, lustlos und freudlos. All sein Mühen wird er als sinnlos erkennen, weil er die Lebensaufgabe, die Wandlung des Niederen zu Höherem nicht verstehen will. Wer das göttliche Selbst, das Licht in sich nicht leben läßt und sich im Egoismus erschöpft, wird nicht erkennen wollen, dass seine Ernte seine Saat ist.*

Das verstehe ich jetzt nicht ganz, sage ich, kannst du mir das etwas erläutern?

Gerne, meint mein Begleiter. *Komm, wir wollen uns dazu hinsetzen. Ich bitte dich, diesen goldenen Sessel zu benutzen.*

Für mich ist das kein Sessel, sondern mehr ein Thron, auf den er mich setzt und ich komme mir wirklich königlich vor. Sofort fühle ich eine herrliche Stille in mir, eine tiefe Ruhe.

Nun bitte ich dich, deine Augen zu schließen und mir aufmerksam zuzuhören. Lege für eine kurze Zeit alle Gedanken ab und lasse alle deine vorgefassten Meinungen über dich selbst und andere fallen. Lasse einfach alles los, was du bisher über die Welt gedacht hast, über das Leben, über den Sinn des Lebens, über eventuelle Schwierigkeiten oder Probleme. Höre in dein Herz hinein und höre die Wahrheit über GOTT.

GOTT ist!

GOTT ist Liebe! Liebe ist Friede! Friede ist Freude! Freude ist Leben! Leben ist Licht!
Mache dir dies wahr, bleibe nur bei diesen Gedanken.

Nach einiger Zeit höre ich meinen Begleiter weiter sprechen:

Wenn GOTT dich schuf, und wie du oft so leichthin sagst – zu seinem Ebenbilde – oder wie sich SELBST, dann muss dieses

Ebenbild, dieses göttliche SELBST ja in dir sein, in deinem Geiste sein. Wenn GOTT dich schuf, dann bist du ein „KIND GOTTES“ und als solches bist du nach wie vor, wie GOTT dich schuf. Dies ist unveränderlich und ewig wahr. Du bist Geist vom Geiste GOTTES und daran solltest du dich stets erinnern und nur daran.

Du bist kein Körper! Du bist Geist und hast einen Körper! Doch solange du denkst, dass Körper die Wirklichkeit sind, wirst du gefangen sein in einem System der Trennung und du wirst nicht erkennen, dass man Geist nicht trennen kann, so wie man Luft nicht trennen kann. Anerkennst du aber, was und wer du wirklich bist, wirst du erkennen, dass der Geist der in dir ist, auch in Allem sein muss. Dass der Geist GOTTES nicht zu trennen ist. Deshalb bist du alles und alles ist du.

Verbleibe ganz fest bei diesem Gedanken und dir wird klar werden, dass, wenn du andere verletzt, du dich selbst verletzt. Dass, wenn du andere verurteilst, du dich selbst verurteilst. Dass, alles, was du anderen tust, du dir selbst tust.
Anerkennst du, wer du wirklich bist, dann bringst du Liebe, Friede, Freude und Licht in das Leben, auf die Erde.

Wisse und halte dies fest in deinem Bewusstsein:
Du bist das Licht der Welt,
du bist als Geist vom Geist GOTTES gütig, hilfsbereit und vollkommen.

Schenke dieser Welt und allen ihren Wesen das Licht, bitte erwache! Anerkenne deine Funktion als KIND GOTTES, denn dies ist die wahre Demut.

Demut ist, die Liebe, der Friede, die Freude, das Licht ***zu sein.*** *Demut ist, deine Heiligkeit zu akzeptieren. In all diesem Tun wird GOTT in dir und durch dich leben.*

Benutze die Macht und Kraft deines Geistes, deiner Gedanken, denn „DIR GESCHIEHT NACH DEINEM GLAUBEN!" Wobei das Wort „GLAUBEN" in diesem Sinne nichts mit Konfession zu tun hat, sondern zu verstehen ist mit Denken, Deutung, Wahl, Wollen, Reaktion oder Wahrnehmung.

Durch diesen geistigen Entwicklungsweg wirst du erkennen, dass es im Rad des Lebens keine Verstrickungen geben wird, weil die Erkenntnis der Notwendigkeit zur Wandlung zum Höheren nicht behindert wird. Dies ist der wahre Sinn deines Lebens: Werde, was du bist! Lasse dein Licht leuchten!

GOTTES Gaben sind sehr sorgsam in deinem Herzen bewahrt und warten auf Anerkennung. Diese Gaben sind Liebe, Friede, Freude, Harmonie.

Sage dir immer und immer wieder:

ICH BIN, wie GOTT mich schuf! ICH BIN der ICH BIN!

ICH BIN das Licht der Welt!
Es ist nötig, dass du dir die Wahrheit über dich so oft wie nur möglich bewusst machst, weil dieser Gedanke weit über die unbedeutende Ansicht des Ego, was du bist und wie du bist, hinausgeht und weil du dich so lange mit falschen Selbstbildern belastet hast.

Sehe dieses dein Licht wie eine Sonne innerhalb deiner Stirnmitte und lasse es leuchten, strahlen, sich ausdehnen. Lasse dein Licht leuchten!
Denke stets daran: So wie DU das Licht der Welt bist, so ist es JEDER Mensch, weil es im Geiste keine Trennung geben kann.

Nun herrscht tiefe Stille!

Ich habe noch immer die Augen geschlossen, bin völlig ergriffen von diesen Worten und wieder laufen Tränen über meine Wangen. Jedoch keine Tränen des Schmerzes, denn eine unendliche Freude, ja Glückseligkeit erfüllt mein Herz. Wenn das wahr ist, überlege ich, wenn das, was ich hörte, Wirklichkeit ist, warum konnte ich das bisher noch nie in solcher Klarheit erfassen? Warum dachte ich bisher, dass alles im Leben Schicksal ist und ich keine Macht habe, etwas zu verändern? Warum habe ich mich stets als Opfer der anderen gesehen und nicht erkannt, dass mir die Kraft der Entscheidung gegeben ist?

Komm liebe Freundin, öffne deine Augen wieder, es gibt noch ein paar Erklärungen, die ich dir geben muss.

Gleich etwas zu deinem inneren Dialog, den du gerade führst. Du kannst nicht „etwas“ verändern, du kannst nur dich und deine Wahrnehmung, also dein Denken verändern. Durch diese bei dir vorgenommene Veränderung wird sich deine Sicht verändern und dadurch deine Welt.

Zu deiner Meinung, stets ein Opfer gewesen zu sein, darf ich dir noch etwas sagen:

Du fühlst dich als Opfer, na bitte sehr,
als Opfer zu leiden ist einfach, nicht schwer.
Wenn du dir als Opfer wichtig erscheinst,
kann keiner dich davor schützen,
in dir liegt die Kraft zu sein was du meinst,
doch diese Kraft musst du nützen.

Denn, so wie du denkst, so trifft es zu,
denkst du dich als Opfer, bist du es im Nu,
willst du jedoch kraftvoll dich erleben,
so forme Gedanken, die dich erheben.

Läßt du Opfer sein nicht geschehen,
wird sich wenden die Rolle ohne flehen,

deine Gedanken zu formen ist harte Arbeit jeder Art,
doch nur so wird dir Opferrolle erspart.

Als „Opfer" fühlst du dich arm, unterdrückt
und Selbstmitleid ist es, was dich entzückt.

Jetzt muss ich lächeln, denn irgendwie hat er recht! Man sieht sich ja tatsächlich oft als „Opfer" der anderen und kommt sich machtlos vor. Man ist nicht so gerne bereit, sich selbst bei der Nase zu nehmen, sondern denkt, dass die Probleme, die Schwierigkeiten im Leben immer die anderen schaffen.

Ja, sagt mein Begleiter wieder, *das ist die Bedeutung, die das Ego der Welt gibt. Ich bin schuldlos, ein armes Opfer, schuld ist die Welt, sind die anderen.* Und wieder lächelt er und meint:

Hass, Wut, Ärger, Groll ist alles das,
wofür du hergibst deine Freude, deinen Spaß,
du haderst mit dem Schicksal,
willst deinen Irrtum nicht erkennen,
lieber leidest du ganz toll und
kannst die anderen schuldig nennen.

Doch das Schlimmste an deinem Tun
ist, dass die Rachegedanken nicht ruhn,

dass du von Gott die gerechte Strafe ersehnst,
für den, den du als Verursacher wähnst,
für den, der dir so viel Leid gebracht,
und vergisst, dass du es dir selbst gemacht.

Wofür frage ich dich, stellst du andere in die Schuld,
wofür kämpfst du, wozu?
Du streitest um dein Recht
und findest dich gerecht,
du ziehst auch noch diesen und jenen heran,
damit dein Recht untermauert werden kann.

Ich bitte dich halt ein, halt ein sage ich, so schlimm ist es doch nicht, du zeigst mir da ja ein furchtbares Bild.

In der Tat, meint er, *es ist furchtbar, es ist zum Fürchten, wie sehr jeder sich als Person wichtig nimmt, denkt, dass, wenn die anderen sich verändern, es ihm gut geht. Vergisst, dass nur jeder sich selbst verändern kann, damit sich seine Welt verändert. Jeder denkt, dass er denken kann was er will, jeder meint, dass er sagen kann was er will, jeder meint, dass er tun kann was er will, ohne Rücksicht, ohne Achtsamkeit, ohne Verstehen, ohne Liebe, ohne Dankbarkeit, ohne Verantwortung.*

Damit sich deine Aufregung noch steigern kann, werde ich dir eine weitere Lektion geben. Höre gut zu, denn es ist ein ganz großes Geschenk!

URTEIL

Du urteilst mal hier und urteilst mal da,
du urteilst über dich und, was durch andere geschah.
Oh ja, mit urteilen bist du schnell zur Hand
und denkst dann auch noch, brillant sei dein Verstand.

Du läßt dir von niemandem etwas erzählen,
ohne aus tiefster Überzeugung zu wählen,
das ist gut, das andere schlecht,
du bewertest, was falsch ist oder, was recht.

So meinst du, du hättest über alles Kontrolle,
fühlst dich auch mächtig in dieser Rolle,
glaubst dann noch urteilen ist ein Beweis von Intelligenz,
nein, es zeugt nur von Überheblichkeit und Präpotenz.

Merkst nicht, dass dein Urteil völlig wertlos ist,
und nur an deinen Kräften frisst,
so wirst du müde, verhärmt, völlig freudlos und mehr,
fühlst dich überfordert, das Leben wird schwer.

So zu agieren bringt Friede nicht, raubt nur die Ruh',
dies alles ändern kannst nur du.
Prüfe einmal, nur ein einziges Mal die verlorene Zeit,
die du zu verschenken bist bereit!
Um zu urteilen, verurteilen und bewerten
braucht es viele Stunden, die für die Freude fehlen,
und sage nicht, dass andere deine Zeit dir stehlen.

Du beurteilst, dies muss wahr, das eine Lüge sein,
alles aus deiner Sicht,
doch Liebe ist das alles nicht.

Du kannst nicht akzeptieren wie andere denken,
willst ihrem Sein keine Achtung schenken,
du willst nicht annehmen was sie sind,
ein Bruder, ein Freund und wie du, GOTTES KIND.

Willst du dazu etwas sagen, fragt mich mein Begleiter, *oder bist du damit einverstanden?*

Nun, dazu will ich im Moment gar nichts sagen. Offen gestanden, mein Kopf ist so voll von deinen Aussagen, dass er zu platzen droht. Meine Frage dazu ist nur, wie kommt man aus dieser Sache heraus, wie kann man sich von all diesen Dingen, die einem im Leben so hinderlich sind, befreien? Kennst du dazu eine Lösung?

Mein Begleiter lacht und meint, indem er meinen Kopf in seine Hände nimmt: *Fändest du es schlimm, wenn dein Kopf ein bisschen platzen würde? Die alten Muster könnten dann herausquellen, die vielen Meinungen mit denen du dich selbst gefangen hältst verlieren, du würdest deine Sturheit, deine Querköpfigkeit aufgeben und damit Veränderung erlauben. Komm, sagte er ganz liebevoll, lege dich auf den Boden und schließe wieder deine Augen, fühle in dich hinein.*

Ich gehorche, lege mich auf den Boden, er fühlt sich weich an, schon liegt ein kleines Kissen bereit, worauf ich meinen Kopf legen kann. Mein Begleiter setzt sich hinter mich und nimmt meinen Kopf in seine Hände. Ich schließe meine Augen, ein Gefühl von Geborgenheit durchdringt mich wohltuend und ich spüre:

Stille, große Stille legte sich in meine Brust
und Friede füllt die Sinne, Erlösung aus der Ängste Wust.
Eine Stimme ruft mir zu,
erinnere dich und wisse, du,
du bist in deinem Herzen frei,
Gefangenschaft ist dann vorbei,
wenn du dir erlaubst, an mich
und damit auch an dich zu glauben.

Nie lag es in meinem Sinn,
dir die Freiheit zu rauben,
du hast sie dir selbst genommen,
das kannst du mir glauben.
Auch ist von mir an dich,
keine Sünde, keine Schuld gegeben,
auch keine Last und kein Leid um auf Erden zu leben.

Nur meine Liebe, die gab ich dir mit,
und sie begleitet dich auf Schritt und Tritt,
und diese Liebe, schenkst du ihr Raum,

erweckt dich aus deinem Schlaf und Traum,
mein Wort darauf, der ich dein Gott und Vater bin,
ich liebe dich seit Anbeginn.

Sei du Empfänger und Bote meiner Liebe für die Welt,
die sich unter die Knechtschaft der Angst gestellt.
Geh hinaus und rufe allen Menschen zu,
wir sind KINDER GOTTES, ich und du,
und du und du und alle zusammen,
lasst Freude und Frieden in euren Herzen entflammen,
und die Wahrheit – meine Wahrheit – stillt jeden Schrei,
denn durch die Liebe schenkend und empfangend,
werdet ihr alle frei.

Wunderbar empfinde ich diese Stimme, wie eine Reinigung von alten Lasten. Ich fühle mich ganz leicht, öffne meine Augen und mein Begleiter löst die Hände von meinem Kopf. Eine tiefe Andacht und Dankbarkeit erfüllt mein Herz.

Wieder höre ich die Stimme meines Begleiters, der mir die Hand zum Aufstehen reicht: *Komm, erhebe dich!*

Schnell bin ich auf meinen Beinen und hüpfe wie ein kleines Kind, mir erscheint plötzlich alles so leicht, ich fühle mich getragen und glücklich.

Ja, so ist es, sagte mein Begleiter! *So könntest du dich immer fühlen, würdest du den göttlichen Teil in dir leben lassen und vor allem auch in deinen Mitmenschen erkennen, würdest du die Funktion deines Lebens erkennen, nämlich ein Lichtbringer, ein Glücksbringer und ein Freudespender für die Welt zu sein.*

Nun noch zu deiner Frage von vorher, wie die Lösung der Probleme und Verstrickungen mit dem Ego zu bearbeiten sind.

Dazu möchte ich dich an deine eigene Aussage erinnern, die du im Laufe unserer Reise gemacht hast. Du hast von Jesus gesprochen, und genau er ist derjenige, der dir hilfreich ist, Veränderung in deinen Wahrnehmungen zu ermöglichen.

Jesus hat in seiner Lehre schon gesagt, „dass er bei dir ist alle Tage, bis an der Welt Ende.“ Damit hat er sich angeboten dir Hilfe zu geben, wann immer du ihn darum bittest. Jedoch du selbst musst die Bitte aussprechen, du musst dich für die Hilfe öffnen, es bedarf deiner Entscheidung.

Nimm dir Jesus an die Hand, besprich alle deine Probleme mit ihm, lass sein Licht auf deine Verstrickungen in dieser Welt leuchten. Vertraue auf ihn, indem du anerkennst, dass er als dein geistiger Bruder dich führen kann. Er kennt die Hindernisse, die dein Lebensrad ins Stocken bringen, die dich lähmen und deine göttliche Kraft blockieren. Er steht neben dir und wartet darauf, dass du ihn um Hilfe bittest. Tust du es, wird er für dich da sein.

Alle äußeren Angelegenheiten hören auf, dich zu berühren, wenn du bereit bist, dir mit Jesus deine eigenen Fehler anzusehen, deine Schwächen zu erkennen, deinen Irrtum bezüglich deiner Wahrnehmungen einzugestehen. Dadurch können diese ohne Urteil und Schuld, ohne Angst und Sünde aufgelöst werden, erlöst sein! Wenn sie aber in dir erlöst, aufgelöst sind, dann wirst du sie auch nicht mehr in anderen, in deiner Umwelt bewerten oder verurteilen, sondern nur verstehen und damit jeder Situation den Stachel nehmen.

Noch eine große Hilfe steht dir zur Seite - der Heilige Geist! Der Heilige Geist, der, durch den in dir vorhandenen Geist, die Brücke zur Wahrheit ist. Rufe ihn an, wenn du wieder in dein altes Muster zurückfällst, andere verantwortlich zu machen für deine Komplikationen. Rufe ihn an, suche seine Hilfe, wenn du in Angst und Zweifel, in Groll und Hader dich verstrickt hast.

Und hier sage ich dir nochmals, einen Herzschlag lang um seine Hilfe bitten, lässt dir die Sinnlosigkeit der Egogedanken erkennen und wird dich zur Freiheit führen. Mit der Liebe des Heiligen Geistes und der Liebe Jesus zur Menschheit bist du in der Lage, dich deiner Funktion, das Licht der Welt zu sein, zu erinnern. Du wirst erkennen, dass du Geist vom Geiste GOTTES bist und in diesem Wissen liegt dein wahres Sein.

Wie ein Blitz durchzuckt mich der Gedanke: „Bist du Jesus“? Und mit großen fragenden Augen sehe ich meinen Begleiter an, in dem Wissen, dass er meine Frage schon längst kennt.

Er blickt mir tief in die Augen und ich höre ein klares ***„nein“***. Ein breites Lächeln geht über sein Gesicht, der Schelm leuchtet aus seinen Augen und er meint: *Die ganze Zeit hast du dich über mein „so ist es“ etwas erregt und, wenn ich es einmal nicht sage, dann bist du auch nicht zufrieden.* Dabei drückt er meine Hand und meint weiter: *Zu deiner Beruhigung darf ich dir aber sagen, dass ich im Geiste natürlich Jesus der Christus bin, so wie ich auch der Heilige Geist bin, so wie ich auch Gott bin. Nur in deiner Welt siehst du die Dinge getrennt. In Gott gibt es jedoch nur Einheit. Ihr nennt es die Drei-Einigkeit und denkt trotzdem in der Trennung. Zu dieser Einigkeit gehörst auch DU, so wie jedes Wesen auf Erden dazu gehört. Jeder hat das Göttliche, jedes Wesen ist im Geiste – so wie es Jesus ausdrückte – mit dem Vater/Mutter/Gott eins. Denke stets daran, dass GOTT die einzige Quelle in dir ist, aus der du schöpfen sollst. Wenn du das Göttliche in dir wählst wirst du im Frieden, in der Freude, in der Liebe, in der Harmonie weilen. Ob du dich dafür entscheidest, liegt an dir. Du hast die Freiheit zu wählen und deshalb bist du der Entscheider ob du Liebe, Friede, Freude und Harmonie wählst oder Hass, Krieg, Auseinandersetzungen und Leid. Ob du die Fülle siehst oder stets im Mangel lebst. Vor allem, vergiss nie, deine Gedanken* *sind die größte Kraft. Beginne die Verantwortung zu übernehmen, die Verantwortung für alles, was sich in deinem Leben zeigt. Werde dir bewusst, welche Kraft und Macht und Herrlichkeit in dir vorhanden sind, werde dir bewusst, dass GOTT in dir ist und du ihn IHM.*

Jede Minute und jede Sekunde, jeder Augenblick und jeder Herzschlag birgt die Gelegenheit, dich zu erlösen. Lasse sie dir nicht entgehen, es ist unnötig, die Freude aufzuschieben.

Ich bin ganz still geworden und habe jedes Wort mit tiefer Andacht in mich aufgenommen.

Wieder höre ich die Worte meines Begleiters und er sagt mir noch einmal ganz eindrücklich:

Du bist wundervoll, denn du bist ein KIND GOTTES. Denke nie mehr anders von dir oder deinen Mitmenschen, denn jeder andere Gedanke beleidigt GOTT in dir und im anderen. Mache dir dies immer und immer wieder bewusst.

Nun schlage ich vor, dass wir diesen Ort des großen Wissens, den Tempel der Stille verlassen, da ich dir noch etwas zeigen will.

Mein Herz ist voll Dankbarkeit für all die großen Erlebnisse in diesen Räumen, für die Weisheiten, die ich erfahren durfte, und für die vielen Hilfen, die mir erteilt wurden. Doch noch ehe ich etwas sagen kann, stehen wir wieder auf der Straße im strahlenden Sonnenschein.

In der Zwischenzeit habe ich mich an diese Blitzaktionen gewöhnt, gewöhnt daran, dass hier nicht alles so läuft, wie ich es gewohnt bin und ich nehme mit Gelassenheit zur Kenntnis, wir sind wieder im Freien, einfach so! Wieder habe ich das Gefühl, nicht mehr im Herzen der Stadt zu sein, sondern dass wir uns an deren Peripherie befinden.

Mein Begleiter lacht wieder, und verschmitzt meint er: *Ich habe alles registriert, was in dir vorgeht.*
Doch nun bringe ich dich zu einer Anhöhe, wo du einen Blick über die ganze Stadt werfen kannst.

Die Worte sind noch nicht ausgesprochen und schon stehen wir auf einer Anhöhe. Die Tatsache, dass alles hier spielerisch leicht geschieht, dass Gedanken sich sofort erfüllen, dass ich nicht nur schwebe, sondern offensichtlich auch fliegen kann, fasziniert mich wiederum. Ich blicke über die Stadt und erkenne dabei, dass die Form der Stadt wie ein Schiff, ein großes Schiff, aussieht. Ganz deutlich kann ich die Plätze und Straßen, durch die wir gegangen sind, die Gebäude, die ich von innen sah, erkennen. Ich bin durch diese Stadt gewandert und konnte viele Einzelheiten erkennen, doch, dass die Stadt wie ein Schiff aussieht, hätte ich nicht vermutet.

So ist es, meint mein Begleiter. *Auch in deinem Leben siehst du oftmals nur Einzelheiten und trotzdem meinst du das Ganze zu kennen und erlaubst dir ein Urteil oder eine Bewertung. Ist es nicht so?*

Ja, da magst du recht haben. Oftmals denkt man wirklich das Ganze zu kennen, alles zu wissen, um dann dahinter zu kommen, dass dem nicht so ist. Dass man eine Sache nur von einer Seite betrachtet hat und zwar vom eigenen Standpunkt aus, jedoch nie vom Standpunkt eines anderen.

So ist es, kommt es wieder lakonisch und in gewohntem Tonfall von meinem Begleiter.

Ich drehe mich nach allen Seiten und genieße die wunderschöne Aussicht, den herrlichen Sonnenschein, die Stille. Die Frage, wie lange ich mich wohl schon an dem für mich unbekannten Ort aufhalte, kommt mir wieder in den Sinn, und wie wird die Sache wohl enden?

Bei meiner Umsicht erblicke ich auf einem etwas höher gelegenen Hügel ein Haus oder ist es ein Schloss? Es ist riesig, glitzert und funkelt im Licht, fast atemberaubend.

Ob ich dieses Gebäude wohl auch noch von innen sehen kann? überlege ich.

Schon höre ich die Stimme meines Begleiters, der wohl wieder meine Gedanken gelesen hat, und er meint in ruhigem Ton: *Ja, auch dieses Gebäude wirst du noch von innen sehen, nur nicht heute, nicht jetzt. Der Weg dahin ist für dich noch nicht begehbar, jedoch verspreche ich dir, wenn die Zeit gekommen ist, dich auch in diesen Tempel einzuführen. Unsere Reise wird für heute hier enden und nun werde ich auch deine brennende Frage beantworten wer ich bin.*

Ich bin DU!

Jetzt hat meine Verwirrung ihren Höhepunkt erreicht, denn das zu verstehen ist ja wirklich nicht leicht.
Ich schaue in die Augen von meinen Gegenüber und frage ganz kindlich, also DU bist ich? Dann bin ich DU?
Somit sind wir zwei EINS, das heißt ich bin die ganze Zeit mit....

Ja, meint mein Begleiter, *mit deinem göttlichen SELBST im Gespräch gewesen, mit mir, der ich in dir bin. Meine Bitte, meine große Bitte an dich ist, dich ganz innig mit mir zu vereinigen und völlig aufzugehen in dem Gefühl des Einssein mit mir, deinem göttlichen SELBST.*

Bei unserem Dialog im Laufe unseres kleinen Spazierganges habe ich dir viele Anhaltspunkte gegeben, wie du erkennen kannst, ob du mit deinem göttlichen SELBST agierst oder mit dem Ego reagierst! Wisse, du bist der Entscheider! An dir wird es in Zukunft liegen wie sich dein Leben gestaltet. Alle Eigenschaften GOTTES sind in deinem Inneren vorhanden. Du musst sie lediglich anerkennen, erwecken und in Funktion bringen. Erinnere dich, mache dir stets bewusst: „Dein Geist ist vom Geiste GOTTES."

Übernehme Verantwortung für dein Leben,
die Kraft dazu ist dir gegeben.

GOTTES Liebe beschützt und hält dich,
GOTTES Friede erfüllt und befriedet dich,
GOTTES Freude durchströmt und hebt dich,
GOTTES Harmonie führt und lenkt dich,
GOTTES Licht durchflutet und heilt dich,
GOTTES Hilfe ist immer dein.

So wie ich, dein göttliches SELBST bin, du kannst mich auch Christus in dir benennen, bin ich in jedem dieser Welt, darum ist es wichtig, mich in jedem zu erkennen. In jedem leuchtet das Licht, das Christus-Licht, deshalb ist jeder das Licht der Welt! Du kannst nur die Körper getrennt sehen, im Geiste jedoch ist alles EINS. Mache dir stets bewusst, dein Geist ist vom Geiste

GOTTES und in ihm widerspiegelst du immer göttliche Weisheit und göttliche Kraft.
DU bist EINS mit mir und damit Einheit mit Allem. Als diese Einheit sind wir GOTTES KIND, sind wir CHRISTUS und so ist es! sagt er.

Als kleine Hilfe möchte ich dir noch folgendes mitgeben:

Reinige dein Gemüt ehe du dich schlafen legst,
achte darauf, dass du Gedanken der Liebe, des Wohlwollens
und des Friedens hegst.
Hast du dein Gemüt mit Groll und Hader, mit Zorn gefüllt,
dann wird in deinem Schlaf verstärkt, womit du dich eingehüllt.
Du hast die Freiheit zu wählen,
Gedanken die erheben oder die quälen,
Gedanken der Liebe, des Friedens, der Dankbarkeit zu denken,
oder sie auf Rache, Bosheit und Angriff zu lenken.
Nimm an die Freiheit der Wahl die dir stets gegeben,
lass rein und ruhig deine Seele sich erheben.
Sanft und friedvoll wirst du erwachen zum neuen Tag,

Dir wurde die Kraft der Entscheidung geschenkt,
es kümmert sich niemand wie du sie gelenkt!
Das Gesetz lautet, dass dir nach deinem Wollen geschieht,
deine Wahl ist es, die ihre Spuren zieht.
Die Frucht deiner Gedanken hast du selbst zu verzehren,
weil dein Innen sich ins Außen wird kehren.

Darum sei achtsam,
denn das, womit du dich selbst programmiert,
nie seine Wirkung verliert.

Wie du mir das alles erklärst, finde ich großartig und ich bin dir dafür unendlich dankbar, sage ich. Mir kommt vor, als würdest du die Grenzen, die da sind, ausdehnen, meine Sicht erweitern, meinen kleinen ich-Zaun niederreißen. Du hast mir vermittelt, dass GOTT stets mit mir ist, dass es keine Trennung von GOTT gibt, dass ich seiner Liebe sicher sein kann weil ich ein KIND GOTTES bin und als solches DAS LICHT DER WELT.
Ich sage dir, des Himmels Freude ist durch dich über mich gekommen. Ich danke dir!

Ich danke dir, meine Liebe, dass du mir schon seit so langer Zeit dein Herz und deine Aufmerksamkeit schenkst, dass du bereit warst, meine Stimme zu hören.
Nun kann ich dir auch noch sagen, wie unsere Begegnung zustande kam, denn auch diese deine Frage ist noch unbeantwortet!

So ist es! Sage ich mich einem breiten Lächeln.

Du hast begonnen, deiner inneren Kraftfülle zu vertrauen und sie zu bejahen. Du hast die Bereitschaft gezeigt anzuerkennen, dass das Reich Gottes in deinem Inneren ist, aus dem du schöp-

fen kannst. Die Erkenntnis und die Bereitwilligkeit, dein Verhalten wie auch deine Gedanken im Alltag mit der dir zustehenden Entscheidungskraft zu verändern, aus alten Gewohnheiten und Mustern auszubrechen und dich selbst zu finden, gaben mir, deinem göttlichen SELBST, die Möglichkeit, dir zu zeigen, dass dein zögerliches Spiel, deine in dir angelegten Möglichkeiten nicht zu nutzen, weder dir noch der Welt hilfreich sind. Du hast mir deine Herzenstür geöffnet und somit konnte ich eintreten und dir meine Dienste anbieten.

Als letztes möchte ich dir noch folgendes mitgeben: Was bisher geschah, was bisher vollbracht wurde, was bisher die Menschheit gelebt hat, ist ein Bruchteil dessen, was in jedem von euch schlummert und darauf wartet, zur Entfaltung gebracht zu werden. Die Neue Zeit wird jedem selbstverantwortlichen Menschen die ganze Fülle des Glücks, des Friedens, der Freude und der Liebe schenken. Alles ist da und wartet nur darauf, in die Verwirklichung gebracht zu werden.

Ja, so ist es, denke ich. Ich bin bereit!

Nicht getrennt von meinem Schöpfer
will ich durch das Leben gehen,
darf so fühlen seine Nähe
und im Licht der Liebe stehen.

Spüren wie mich seine Hand
über jedes Unbill trägt,
meine Ängste, Kummer, Sorgen
aus dem Denken fegt.

Froh und heiter in der Freude,
dass ich bin, wie Gott mich schuf,
folg' ich seiner Stimme Ruf.
Denn nicht getrennt von meinem Schöpfer
will ich durch das Leben gehen.

So ist es! Vernehme ich die Stimme meines Begleiters, er lächelt mir zu, umarmt mich und - ist damit verschwunden. Ich sehe mich um, ich sehe mich an und sehe mich plötzlich wieder in meinen normalen Kleidern, alle Bilder sind vergangen.
In meinem Herzen aber vernehme ich nochmals die Worte:

„Wenn du in deiner Welt bist, dann wisse, dass in jedem dieses Licht strahlt, und jeder die Wahrheit für sich erkennen kann:
ICH BIN das Licht der Welt!
ICH BIN wie GOTT mich schuf,
ICH BIN Geist vom Geiste GOTTES.
Und dieser Geist wird leben in Ewigkeit.
ICH BIN in diesem Geiste verbunden mit allem Leben,
eine Bruderschaft in CHRISTUS, die niemals getrennt ist."

Ich sitze in meinem Zimmer, alles ist so wie immer, ein Blick auf die Uhr zeigt mir, dass nur einige Minuten vergangen sind, seit ich das letzte Mal darauf sah.

War mein Erlebnis Traum oder Vision, ist meine Geschichte erfunden oder Realität? Die Wahrheit kennt nur GOTT.

Zum Abschluss

Diese Begegnung, dieser Spaziergang war und ist eine große Erfahrung für mich. Mir wurde klar, der Weg in die Zukunft kann nur einer sein mit GOTT, der ein Miteinander, eine Gemeinschaft von Gleichheit und Verbundenheit erlaubt. Der uns aus der Dunkelheit ins Licht führt. Der uns den wahren Lebenszweck erkennen lässt. Der uns heil werden lässt an Geist, Seele und Körper. Der uns Verantwortung für alles Tun und Handeln, für jeden Gedanken erkennen lässt.

Wenn wir uns in der Welt umsehen ist es schwer zu glauben, dass Liebe die Übel heilen kann, von denen es viele gibt.
Um ehrlich zu sein, es klingt wirklich fast lächerlich!

Doch ebenso lächerlich ist es zu glauben, dass das, was in der Vergangenheit geschah und jetzt geschieht, zu Ergebnissen führen könnte, die sich auch nur im Geringsten von früheren unterscheiden, wenn es keine Umkehr des Denkens gibt!

All der Hass, das Bedürfnis nach Rache, das Leid, die Not, die Sorgen und Kümmernisse, der Streit, der Drang zu töten, die Schmerzensschreie der Folter, die Ängste, der Neid, die Angriffe, die Kriege – ich frage Sie – muss das sein?

Wir alle, jeder Einzelne, könnten in der bewussten Absicht handeln, mit jedem Gedanken, mit jedem Wort, ja mit jeder Handlung, Liebe zu offenbaren.
Liebe = Friede = Freude = Verstehen = Harmonie = Loyalität = Respekt = Höflichkeit = Dankbarkeit = Achtsamkeit = Gemeinsamkeit = Einheit.

Die Entscheidung liegt bei jedem Einzelnen, sich durch die „menschlichen" Eigenschaften empor zu schwingen zu dem göttlichen SELBST, zu dem Licht, das in ihm leuchtet.

Ich bitte Sie, ja, ich bitte Sie inständig, alles in Ihrer Macht Stehende zu tun, um Ihr Licht leuchten zu lassen und Ihre Mitmenschen und damit die Welt, mit Ihrer Liebe, Ihrer Freude, Ihrem Frieden zu berühren, zu beschenken.

Vielleicht interessiert Sie ein Gebet, das ich von meiner Mutter vor vielen Jahren in ein Album geschrieben erhielt und das mich seither begleitet. Es lautet:

Komm, Heiliger Geist, heilige mich!
Erfülle mein Herz mit brennender Sehnsucht nach der Wahrheit, dem Weg und dem vollen Leben.
Entzünde in mir dein Feuer, sodass ich selbst zum Lichte werde, das leuchtet und schützt und tröstet.
Lass meine Zunge Worte finden, die von deiner Liebe und Schönheit sprechen.
Schaffe mich neu, zu einem Menschen der Liebe, deine Heilige, sichtbare Worte Gottes.
Dann werde ich das Antlitz der Erde erneuern und alles wird neu geschaffen.
Komm, Heiliger Geist, heilige mich, stärke mich, bleibe bei mir! Amen!

Dieser Gedichtband mit seiner besinnlichen, anmutigen Poesie wird besonders alle „Glücksuchenden“ und jene Menschen ansprechen, die mehr aus ihrem Leben machen wollen.

UNIPRESS Verlag,
Salzburg
ISBN 3-85419-121-9

Dieser zweite Gedichtband ist eine Herausforderung an das Glück, eine Herausforderung die Flügel der Seele zu spannen und so die göttliche Quelle der Kraft in sich wachsen zu lassen.
Ein Wegweiser zu neuem Bewusstsein, zu innerer Harmonie und Freude.

UNIPRESS Verlag,
Salzburg
ISBN 3-85419-125-1

Dieser dritte Gedichtband soll Hilfe sowie Freude und Anregung sein, die neue Zeit in der wir leben besser zu bewältigen, mit den Zeichen der Zeit besser umgehen zu können und den Schöpfungswillen zu erahnen, zu ergreifen.
Die Gedichte und Texte sind Wegweiser zur Einkehr nach Innen, um die göttliche Quelle der Kraft zu erkennen.

UNIPRESS Verlag, Salzburg
ISBN3-85419-113-8

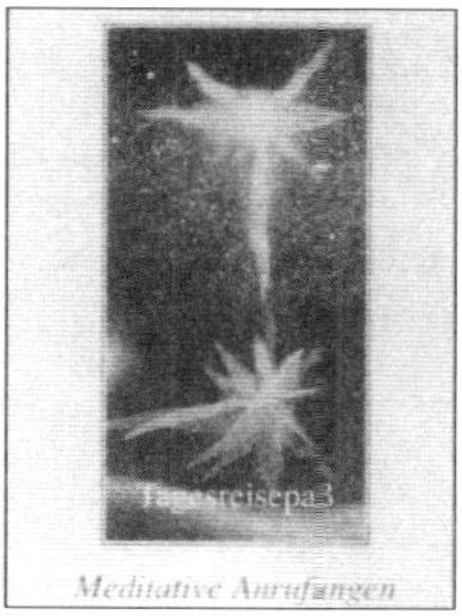

Die „Meditativen Anrufungen“, ein Tagesreisepaß für jeden Tag der Woche, sollen eine Hilfe sein, sich selbst mit der göttlichen Welt zu verbinden und zu spüren, ja zu wissen, dass Beistand und Hilfe gegeben ist, wenn wir uns dafür öffnen.
Die Autorin sagt: „Wir haben verlernt daran zu glauben, dass es Engel gibt, die uns beistehen, Wesenheiten, aufgestiegene Meister, und dazu zähle ich auch Jesus, den Christus, die uns ihre Hilfe und ihren Beistand aus höheren Dimensionen zukommen lassen.
Sie alle arbeiten daran, der Menschheit zu helfen, den Quantensprung in ein höheres Bewusstsein, in ein bewussteres Sein, zu schaffen.“
Ein hilfreicher Begleiter für jeden Tag! Unvergleichlich in seiner Wirkung!
UNIPRESS Verlag, Salzburg ISBN 3-85419-105-7

Dieses Buch ist kein Kochbuch im herkömmlichen Sinne — es soll den Leser anregen, liebgewonnene Denk- und Ernährungsgewohnheiten zu ändern, um gesünder, schöner, beweglicher, lebensfroher und aktiver zu werden — und dies bis ins hohe Alter zu bleiben.
Die Autorin führt in einfühlsamer Weise in die Zusammenhänge zwischen Körper, Geist und Seele ein. Jeder kann seine geistige und physische Leistungskraft steigern — mit der richtigen Ernährung aus naturbelassenen Zutaten und einer positiven Lebenseinstellung!

Versand durch

UNIPRESS Verlag Salzburg

ISBN-3-85419-120-0